Cécile Balladino

Boho Häkeln

EDITION FISCHER

EIN BUCH DER EDITION MICHAEL FISCHER

1. Auflage 2013

Erstveröffentlicht bei Libella, Paris, ein Imprintverlag von LTA.
Lizenzvergabe durch Vermittlung von Silke Brünink Agency, München

Titel der französischen Originalausgabe:
Crochet Bohème

Aus dem Französischen übertragen von Waltraud Kuhlmann
Gesamtherstellung: Markus Kieninger

ISBN: 978-3-86355-166-7

www.editionfischer.de

Verfolgen Sie den Blog der Autorin unter: Eclectic gipsyland (http://gipsybazar.blogspot.fr/)

Inhalt

Céciles Welt

Ich mag edle, kostbare Materialien ebenso sehr, wie Reste zu verwerten und den in den Tiefen meiner Schubläden schlummernden Schätzen neues Leben zu geben, sie zusammenzustellen und aus Vorhandenem außergewöhnliche Stücke zu machen. Geprägt werden meine Arbeiten von verschiedensten und immer wieder neuen Einflüssen. Ich liebe es, Stilelemente, Orte, Epochen aufeinanderprallen zu lassen, ausgetretene Pfade zu verlassen und auffällige Details in den Vordergrund zu stellen.
Es gibt keine hässlichen Farben. Für mich erwächst ihre Schönheit aus der Art und Weise, wie man sie miteinander kombiniert.
Faden. Garne. Häkelnadel. Und unendliche Möglichkeiten. Eine alte Technik, viel einfacher, als man denkt, verständlich für jede Häklerin und ... jeden Häkler.
Ich wollte die alte Traditoin des Häkelns wieder aufleben lassen und ihr einen Platz in unserem heutigen Leben verschaffen.

Häkeln ist mobil, man kann die Arbeit überall mitnehmen. Die wunderschönen Wohnwagen, in denen meine Kreationen fotografiert wurden, sind das Schatzkästlein der im Laufe meiner imaginären Reisen gesammelten Erinnerungen.
Die Boheme ist eine Kunst zu leben, alles andere als ein Modeeffekt. Wagen Sie es, genießen Sie es, kommen Sie mit!

Material und Zubehör

Lange Zeit dachte ich, Material und Zubehör seien nicht so wichtig und es käme nur auf das Muster und die Farbwahl an. Mit zunehmender Erfahrung habe ich meine Meinung geändert und kann Ihnen hier einige Ratschläge für die richtige Wahl der Zutaten geben.

Häkelnadeln

- Ich tendiere zu ergonomischen Häkelnadeln. Mit ihnen wird das Häkeln zum reinen Vergnügen, doch Sie können durchaus normale, handelsübliche Nadeln verwenden.
- Meist sind die Nadeln aus Metall, doch es gibt sie auch aus Kunststoff, Holz, Bambus oder Bein. Die Nadelstärke ist entsprechend der Garnstärke als Zahl auf dem Griff angegeben: Je größer die Zahl, desto dicker das Garn
- Häkeln Sie sehr fest, verwenden Sie eine halbe Nadelstärke größer, und die Maschen werden größer. Häkeln Sie lockerer, verwenden Sie eine kleinere Nadel. Man beachte, dass die Häkelarbeit umso starrer wird, je fester man häkelt. In diesem Buch sollen die Nadelstärken nur als Anhaltspunkt gelten, denn jeder arbeitet anders und wichtig ist, dass man mit dem Ergebnis zufrieden ist. Zögern Sie daher nicht, mit dem Garn Ihrer Wahl und unterschiedlichen Nadelstärken Probestücke zu häkeln, bis Ihnen alles gefällt.

Garn

- Man kann mit allem häkeln, sogar mit Metall oder Papier! Auch beim Garn bin ich davon überzeugt, dass es wie bei der Nadelwahl auf die Qualität ankommt.
- Die Anfertigung einer Arbeit erfordert Zeit und Geduld und es wäre schade, minderwertiges Garn zu verwenden, das sich auf Dauer nicht bewährt. Gleichwohl gibt es allerlei Arten und Stärken von Garnen: Baumwolle, Wolle, Seide, Acryl ..., bis hin zu interessanten Effektgarnen.
- Verkauft wird das Garn als Knäuel oder Strang unter Angabe von Gewicht und Lauflänge.
- Man beachte, dass eine Arbeit, für die dickes Garn erforderlich ist, schnell gehäkelt ist, aber auch viel Garn verbraucht.

Weitere Zutaten

- Ferner benötigen Sie eine Nadel mit stumpfer Spitze (eine dicke Sticknadel), um Häkelteile aneinanderzufügen, ein Bandmaß zum Messen, Stoff zum Füttern, Perlen, Behang, Anhänger aller Art ...

Häkelkurs

Häkeln ist viel einfacher, als es aussieht. Sowie Sie in der Lage sind, einen Umschlag zu machen, den Faden durchzuziehen und die Nadel irgendwo einzustechen, ist nur die auszuführende Anzahl der Handgriffe unterschiedlich.
Als Anfänger üben Sie zunächst einige locker gehäkelte Reihen in verschiedenen Maschenarten.

WIE MAN NADEL UND FADEN HÄLT

Man kann Nadel und Faden auf verschiedene Weise halten. Hier die üblichste, doch hören Sie auf Ihren Instinkt: Wie es Ihnen am bequemsten ist, finden Sie ganz von selbst heraus. Die Nadel hält man mit Daumen und Zeigefinger wie einen Kugelschreiber. Garn und Arbeit halten Sie in der anderen Hand.

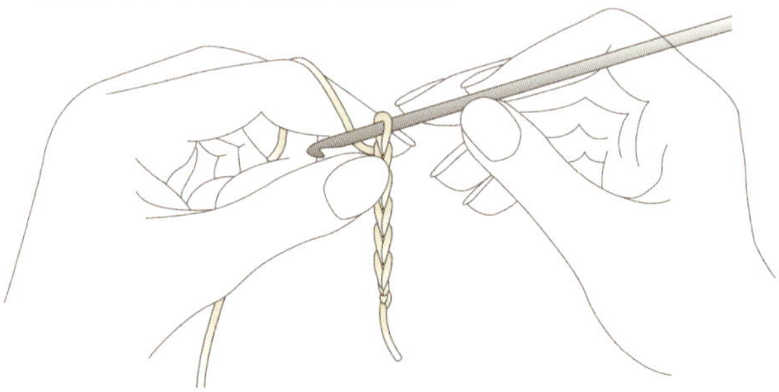

ANFANGSSCHLINGE

Alle Arbeiten beginnen mit einer Anfangsschlinge. Sie zählt nicht als Masche. Bilden Sie aus dem Fadenende eine Schlinge, die Sie mit dem Daumen und Mittelfinger der linken Hand halten. Die Nadel in diese Schlinge einstechen, einen Umschlag machen und den Faden durch die Schlinge ziehen.

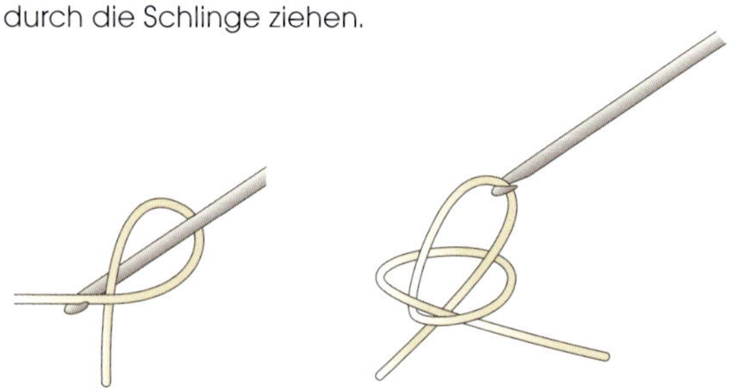

LUFTMASCHE (LM)

1. Machen Sie einen Umschlag.
2. Ziehen Sie den Faden durch die Schlinge auf der Nadel, und die erste Masche ist entstanden. Fahren Sie in dieser Weise fort: Eine Folge von Luftmaschen bildet eine Luftmaschenkette.

Die Luftmaschenkette ist die Anfangsreihe Ihrer Arbeiten, sie besteht aus einer Folge von Luftmaschen. Bei Arbeiten, die in Reihen gehäkelt werden, verwenden Sie für die Luftmaschenkette eine Nadelstärke größer als angegeben, damit es sich leichter häkelt.

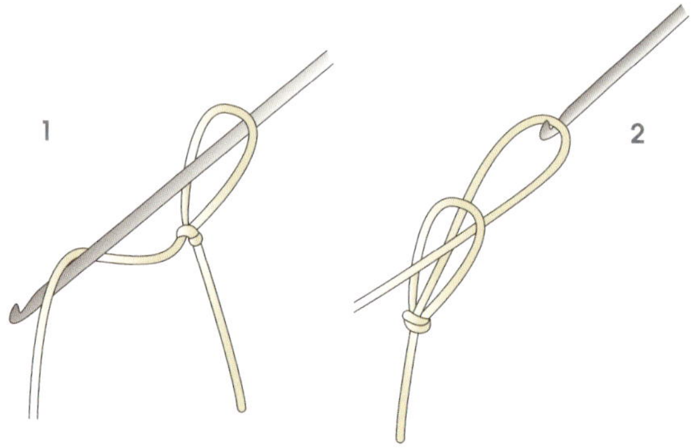

MASCHEN ZÄHLEN

Die Maschen sind deutlich zu erkennen, man zählt sie wie in der Zeichnung abgebildet. Die Anfangsschlinge und die auf der Nadel befindliche Schlinge zählen nicht als Maschen.

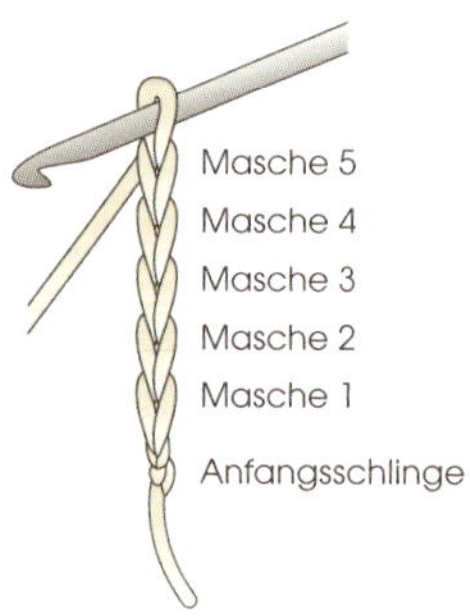

KETTMASCHE (KM)

Die Kettmasche erfüllt mehrere Zwecke.

- **Sie dient zum Einfassen einer Häkelkante** und verhindert, dass sich eine Arbeit dehnt (z. B. Taschenhenkel).

1. Die Nadel in 1 Masche stechen, einen Umschlag machen und die Schlinge durch beide Maschen ziehen.

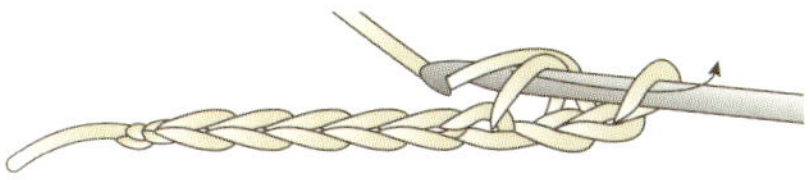

- **Sie dient zum Schließen einer Luftmaschenkette zur Runde**

1. Die Nadel unter den beiden Maschengliedern der angegebenen Masche einstechen, einen Umschlag machen und die Schlinge durch beide Maschen ziehen.

- **Mit einer Kettmasche kann man auch 2 Motive miteinander verbinden:** Häkelt man die Teile zusammen, umgeht man das häufig langwierige Zusammennähen von Hand.

MASCHENHÖHE

Die Grundmaschen haben unterschiedliche Höhen. In der folgenden Tabelle wird erläutert, wie viele Luftmaschen man häkeln muss, um die Höhe einer festen Masche, eines halben Stäbchens, Stäbchens oder Doppelstäbchens zu erhalten.

Lm-Entsprechungen am Reihenanfang

		Anzahl Lm
1 fM	X	0
1 hStb	T	0 0
1 Stb	Ŧ	0 0 0
1 DStb	ǂ	0 0 0 0

FESTE MASCHE (FM)

1. Am Reihenanfang 1 Luftmasche arbeiten (zählt als 1 feste Masche).
2. Die Nadel in die 2. Luftmasche ab der Nadel einstechen, 1 Umschlag machen, die Schlinge durch die Masche ziehen, auf der Nadel befinden sich 2 Schlingen, 1 weiteren Umschlag machen und den Faden durch die beiden Schlingen ziehen. 1 feste Masche ist entstanden.
3. Für die nächste feste Masche stechen Sie die Nadel in die nächste Masche der Luftmaschenkette ein und fahren wie beschrieben fort.
4. In dieser Weise in jede weitere Masche der Luftmaschenkette einstechen (die Anfangsschlinge zählt nicht als Masche) und wie beschrieben fortfahren.

Für die nächste Reihe die Arbeit wenden (links), eine Luftmasche arbeiten und die Nadel unter den 2 Maschengliedern der Masche der Vorreihe einstechen.

1

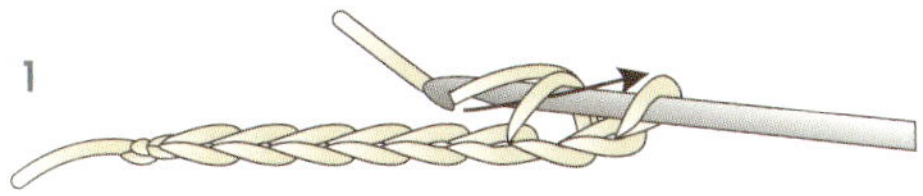

2

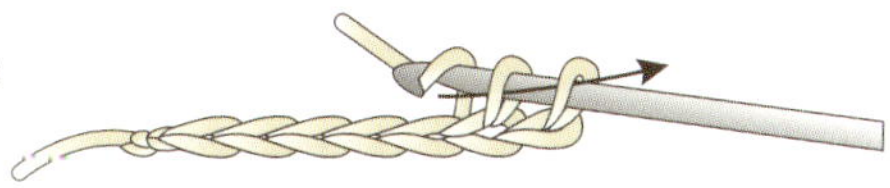

3

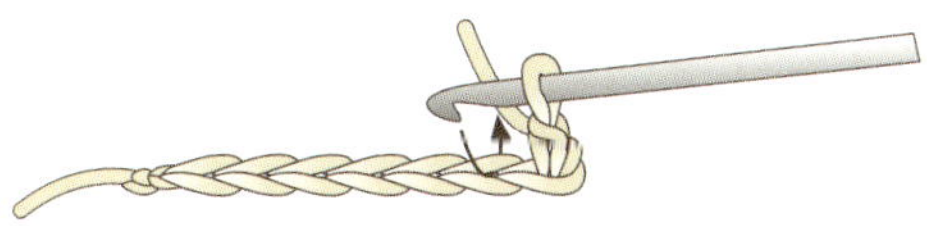

4

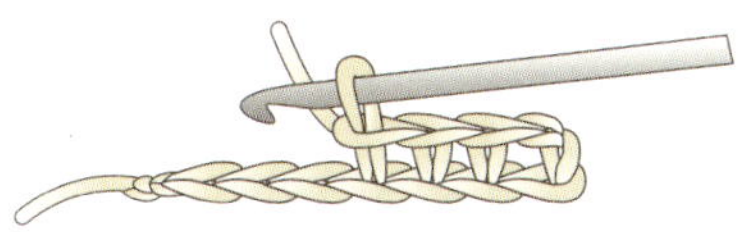

HALBES STÄBCHEN (HSTB)

Halbe Stäbchen sind höher als feste Maschen. Eine Reihe halber Stäbchen beginnt stets mit 2 Luftmaschen. Am Reihenanfang 2 Luftmaschen arbeiten (zählen als 1 halbes Stäbchen).

1. Einen Umschlag machen, die Nadel in die 3. Luftmasche ab der Nadel einstechen und den Faden durch die Masche ziehen. Es befinden sich 3 Schlingen auf der Nadel.
2. Einen weiteren Umschlag machen und den Faden durch die 3 Schlingen ziehen. Ein halbes Stäbchen ist entstanden.
3. Für das nächste halbe Stäbchen die gleichen Arbeitsschritte wiederholen.

Für die nächste Reihe die Arbeit wenden (linke Seite), 2 Luftmaschen arbeiten, einen Umschlag machen und die Nadel unter den 2 Maschengliedern der Masche der Vorreihe einstechen.

1

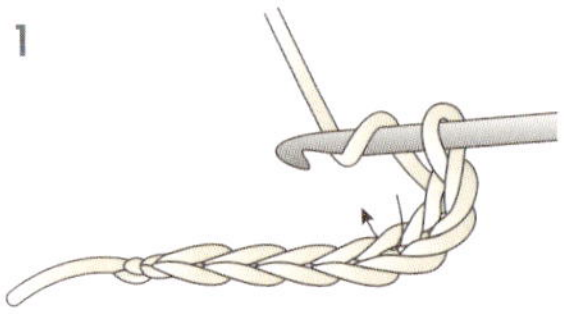

2

3

STÄBCHEN (STB)

Stäbchen sind höher als halbe Stäbchen. Eine Reihe Stäbchen beginnt stets mit 3 Luftmaschen.

1. Am Reihenanfang 3 Lm arbeiten (zählen als 1 Stb). Einen Umschlag machen, die Nadel in die 4. Luftmasche ab der Nadel einstechen und den Faden durch die Masche ziehen. Auf der Nadel befinden sich 3 Schlingen.
2. Einen weiteren Umschlag machen und den Faden durch die beiden ersten Schlingen auf der Nadel ziehen. Es verbleiben 2 Schlingen auf der Nadel.
3. Einen letzten Umschlag machen und den Faden durch die beiden letzten Schlingen ziehen.
4. So ist ein Stäbchen entstanden. Für das nächste Stäbchen die gleichen Arbeitsschritte wiederholen.

Für die nächste Reihe die Arbeit wenden (linke Seite), 3 Luftmaschen arbeiten, einen Umschlag machen und die Nadel unter den 2 Maschengliedern der Masche der Vorreihe einstechen.

1

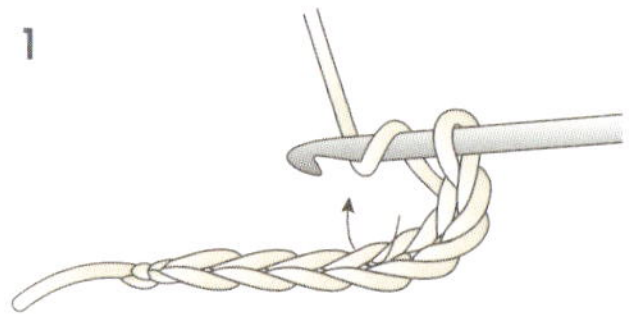

2

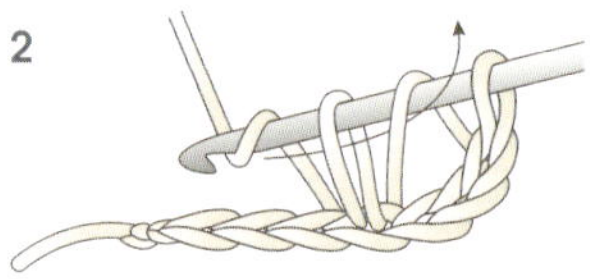

3

4

DOPPELSTÄBCHEN (DSTB)

Doppelstäbchen sind höher als Stäbchen. Eine Reihe Doppelstäbchen beginnt stets mit 4 Luftmaschen.

1. Am Reihenanfang 4 Lm arbeiten (zählen als 1 DStb).
2. Zwei Umschläge machen, die Nadel in die 5. Luftmasche ab der Nadel einstechen und den Faden durch die Masche ziehen. Auf der Nadel befinden sich 4 Schlingen.
3. Einen weiteren Umschlag machen und den Faden durch die beiden ersten Schlingen ziehen. Es verbleiben 3 Schlingen auf der Nadel.
4. Noch einen Umschlag machen und den Faden durch die beiden ersten Schlingen ziehen. Einen letzten Umschlag machen und den Faden durch die beiden verbliebenen Schlingen ziehen. So ist ein Doppelstäbchen entstanden.
5. Für das nächste Doppelstäbchen die gleichen Arbeitsschritte wiederholen.

Für die nächste Reihe die Arbeit wenden (linke Seite), 4 Lm arbeiten, 2 Umschläge machen und die Nadel unter den 2 Maschengliedern der Masche der Vorreihe einstechen.

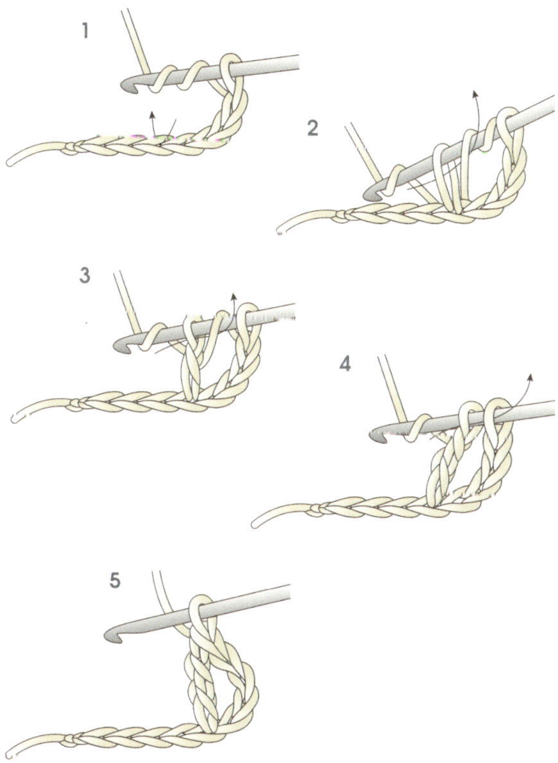

NOPPE AUS 3 STÄBCHEN

1. Einen Umschlag machen, die Nadel in die 4. Lm ab der Nadel stechen und den Faden durch die Masche ziehen. Auf der Nadel befinden sich 3 Schlingen.
2. Einen weiteren Umschlag machen und den Faden durch die beiden ersten Schlingen auf der Nadel ziehen. Es verbleiben 2 Schlingen auf der Nadel.
3. Einen Umschlag machen, in dieselbe Masche einstechen und den Faden durch die Masche ziehen. Auf der Nadel befinden sich 4 Schlingen.
4. Noch einen Umschlag machen, den Faden durch die beiden ersten Schlingen auf der Nadel ziehen. Es verbleiben 3 Schlingen auf der Nadel.
5. Einen Umschlag machen, wiederum in dieselbe Masche einstechen und den Faden durchziehen. Auf der Nadel befinden sich 5 Schlingen. Einen weiteren Umschlag machen, den Faden durch die beiden ersten Schlingen auf der Nadel ziehen. Auf der Nadel befinden sich 4 Schlingen und drei unvollendete Stb. Einen letzten Umschlag machen und durch die 4 auf der Nadel befindlichen Schlingen ziehen.

IN RUNDEN HÄKELN

Bei Kreisen, Blüten und anderen runden Projekten müssen Sie, statt in Hin- und Rückreihen mit einer rechten und einer linken Seite zu arbeiten, ausgehend von einer mit einer Kettmasche geschlossenen Luftmaschenkette in Runden oder im Schlauch arbeiten. Man häkelt also stets auf der rechten Seite und schließt jede Runde mit einer Km in die oberste der Anfangsluftmaschen (jene, die als erste Masche zählen).

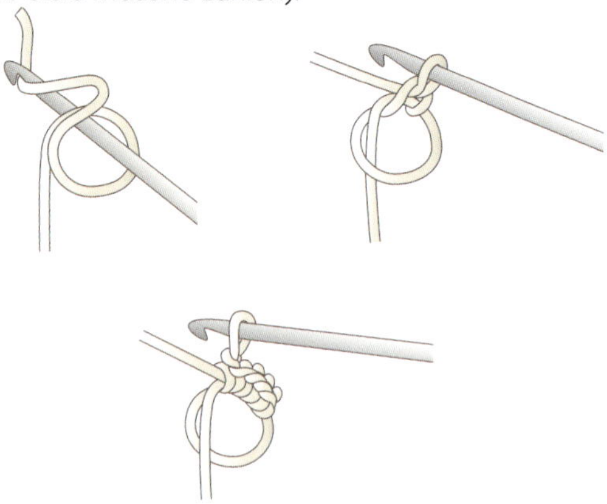

Wie man rundhäkelt

1. 1 Luftmaschenkette mit der angegebenen Maschenzahl häkeln und mit einer Kettmasche in die erste Luftmasche zum Ring schließen.
2. In den so entstandenen Ring mit 1 Luftmasche beginnend die in der Anleitung angegebene Anzahl Stäbchen häkeln. Dazu in die Mitte des Rings einstechen und nicht in die Maschen der Luftmaschenkette.
3. Jede Runde mit einer Kettmasche in die Luftmasche am Rundenanfang schließen.

Das gleiche Prinzip gilt für halbe Stäbchen, Stäbchen und Doppelstäbchen.

PLASTISCHE BLÜTEN HÄKELN

Bei bestimmten Blütenmodellen werden Runden gearbeitet, indem man die Nadel in das untere Maschenglied der Masche der Vorrunde einsticht. In diesem Fall häkelt man auf der linken Seite der Arbeit.

FARBWECHSEL

Ich habe eine Vorliebe für Farbenmix, doch alle Fäden müssen zum Schluss vernäht werden. Deshalb hier eine Methode, mit der Sie vermeiden, was vielen ganz besonders lästig ist.

1. Vor einem Farbwechsel die Runde mit einer Kettmasche schließen.
2. Den Faden bis auf einige Zentimeter abschneiden. Die Nadel mit dem Garn der nächsten Farbe an einer anderen Stelle der Arbeit einstechen, das alte Fadenende hinter der Arbeit mitführen und mit den Maschen aus dem neuen Garn überhäkeln.
3. Die Reihe in dieser Weise weiterhäkeln und dabei den Restfaden der Vorreihe mitverwenden.

So sind Farbwechsel absolut unsichtbar und Sie müssen die Fäden am Schluss nicht vernähen.

HÄKELTEILE ANEINANDERFÜGEN

• Aneinandernähen

Die beiden zu verbindenden Teile Seite an Seite aneinanderlegen und mit einer Wollnadel im Wechsel in das nach unten zeigende Maschenglied des linken und des rechten Teils einstechen, sodass eine Zickzacknaht entsteht.

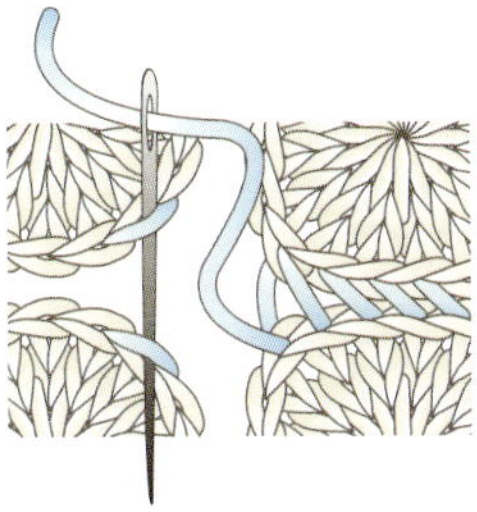

• Mittels fester Maschen

Die Teile rechts auf rechts oder je nach Modell links auf links legen. Die beiden zu verbindenden Teile mit festen Maschen zusammenfügen. Dazu die Häkelnadel unter den Maschengliedern der sich gegenüberliegenden Maschen einstechen und feste Maschen häkeln.
Sind die beiden zu verbindenden Teile in festen Maschen gehäkelt, häkeln Sie in jede feste Masche 1 feste Masche. Sind sie in Stäbchen gehäkelt, häkeln Sie in jedes Stäbchen 2 feste Maschen.

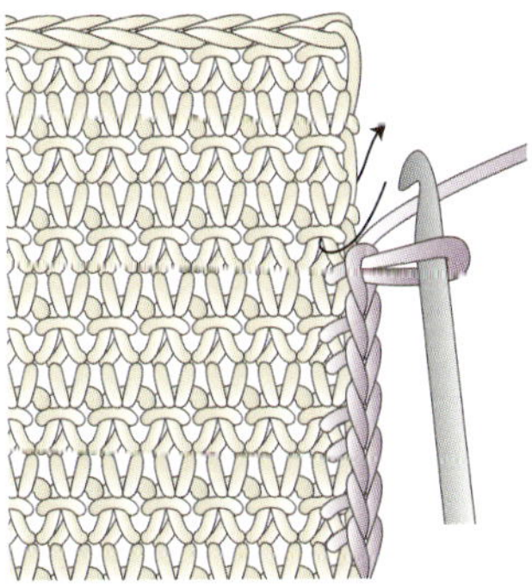

• Aneinanderhäkeln

Mit dieser Methode umgehen Sie das häufig langwierige Zusammennähen. In der letzten Reihe des Motivs stechen Sie die Nadel auch in die entsprechende Masche des gegenüberliegenden Motivs oder darunter ein und häkeln 1 Kettmasche. Die Passzeichen sind in den Häkelschriften angegeben.

SPANNEN

Durch Spannen verleiht man einer Häkelarbeit Form. So bekommt die Arbeit die gewünschten Abmessungen, Maschen werden gleichmäßig und durchbrochene Partien ausgeformt.
Am einfachsten ist es, die verschiedenen Teile oder die fertige Arbeit mit Stecknadeln auf eine glatte Fläche zu stecken und das auf Dampffunktion eingeschaltete Bügeleisen darüber zu halten. Achtung, niemals bügeln, das Eisen lediglich 1 cm über die Arbeit halten.
Abkühlen lassen und die Stecknadeln entfernen.

WIE MAN EINE HÄKELSCHRIFT LIEST

Die Häkelschrift ist die grafische Darstellung der Anleitung. Die Maschen sind durch Symbole gekennzeichnet (siehe die Tabelle der Abkürzungen und Symbole). Auch die Garnfarben sind daraus ersichtlich.

- **Häkelschriften zu in Runden gehäkelten Projekten liest man von innen nach außen,** beginnend in der Mitte gegen den Uhrzeigersinn.

A. Der volle Pfeil steht für den Anfang der Arbeit.
B. Der Kreis aus Luftmaschen bildet die Luftmaschenkette.
C. Die Zahl gibt die Nummer der Runde an, sie steht am Anfang jeder Runde.
D. Jede Runde beginnt mit Luftmaschen, die die erste Masche ersetzen. Die Kettmasche, mit der die Runde beendet wird, wird in die oberste der Luftmaschen am Rundenanfang gearbeitet.

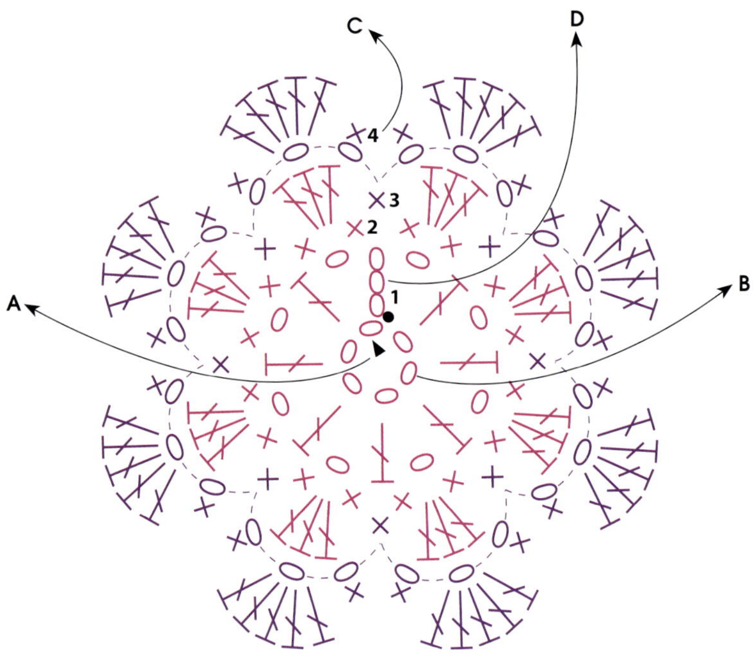

- ▲ Anfang
- • Km (Kettmasche)
- ○ Lm (Luftmasche)
- × fM (feste Masche)
- hStb (halbes Stäbchen)
- Stb (Stäbchen)
- DStb (Doppelstäbchen)
- Noppe aus 3 Stb
- 2 Stb zusammen abmaschen
- 2 Stb in 1 Einstichstelle
- Δ Ende

Häkelschriften zu in Reihen gearbeiteten Projekten liest man von unten nach oben. Ungerade Reihen (rechte Reihen) liest man von rechts nach links, gerade Reihen (linke Reihen) von links nach rechts.

A. Luftmaschenkette: Wenn sie lang ist und da sie aus identischen Maschen besteht, wird sie nicht in voller Länge abgebildet, allerdings wird die Gesamtmaschenzahl angegeben.

B. Reihen werden durch Zahlen am Reihenanfang angegeben.

C. Wiederholen sich identische Reihen, werden sie nicht alle dargestellt, sondern nur die Gesamtreihenzahl angegeben.

ABKÜRZUNGEN

In diesem Buch werden u. a. die nachfolgenden Abkürzungen verwendet. Sie ermöglichen das leichte und schnelle Lesen der Anleitungen und werden Ihnen rasch in Fleisch und Blut übergehen.

abmaschen .... abm
Anfang .... Anf
anschlagen .... anschl
Arbeit, arbeiten .... Arb
Beginnen, beginnend .... beg
Doppelstäbchen .... DStb
Feste Masche(n) .... fM
Folgende .... folg
fortfahren .... fortf
Halbes Stäbchen .... hStb
Kettmasche(n) .... Km
Luftmasche(n)/-bogen .... Lm/-Bg
Masche(n) .... m
Nadel .... Nd
Reihe(n) .... R
Stäbchen .... Stb
Wendeluftmasche .... Wlm

Millefiori-Schulterwärmer

Ein bunter Blütenreigen als Hingucker für die schöne Romantikerin.

SIE BENÖTIGEN

- *Garn aus 100 % Wolle in 8 Farbtönen*
- *Häkelnadel Nr. 3,5*

VERWENDETE MASCHENARTEN

- *Luftmasche (Lm)*
- *Kettmasche (Km)*
- *Stäbchen (Stb)*
- *Halbes Stäbchen (hStb)*

ROSE

In Pink eine Lm-Kette aus 42 Lm anschl, dann 1 Stb in die 6. M ab der Nd, 2 Lm, *2 M überspr, (1 Stb, 2 Lm, 1 Stb)**, von * bis ** bis zum Ende wdh, es ergeben sich 13 Lm-Bg. 3 Wlm, 8 Stb in denselben Lm-Bg und je 9 Stb in die folg 12 Lm-Bg. Die Rose spiralförmig formen und die Form mit einem mittigen Stich fixieren. In dieser Weise 19 Rosen häkeln.

GELB-BLAUE BLÜTE

In Blau 6 Lm anschl, mit 1 Km zur Rd schließen.

1. Rd: 12 fM in den Ring, mit 1 Km schließen.

2. Rd: (2 fM in die 1. M, 2 fM) 4 x, mit 1 Km schließen.

Faden abschneiden, in Gelb fortf.

3. Rd: (1 fM, 3 Lm, 1 M überspr, 1 fM) 8 x, mit 1 Km schließen.

4. Rd: 1 Km als Verbindung zum Lm-Bg, dann in jeden Lm-Bg: 1 fM, 1 hStb, 5 Stb, 1 hStb, 1 fM, mit 1 Km schließen.

20 Blüten anfertigen und zu einer Kette zusammenhäkeln.

TÜRKIS-VIOLETTE BLÜTE

In Violett 5 Lm anschl, mit 1 Km zur Rd schließen.

1. Rd: 10 fM in den Ring, mit 1 Km schließen.

2. Rd: 6 Lm, dann (1 Stb, 3 Lm) 9 x, mit 1 Km in die 3. Lm des Rd-Anf schließen. Faden abschneiden, in Türkis fortf.

3. Rd: In jeden der 10 Lm-Bg (1 fM, 3 Stb, 1 fM), mit 1 Km schließen.

21 Blüten anfertigen und zu einer Kette zusammenhäkeln.

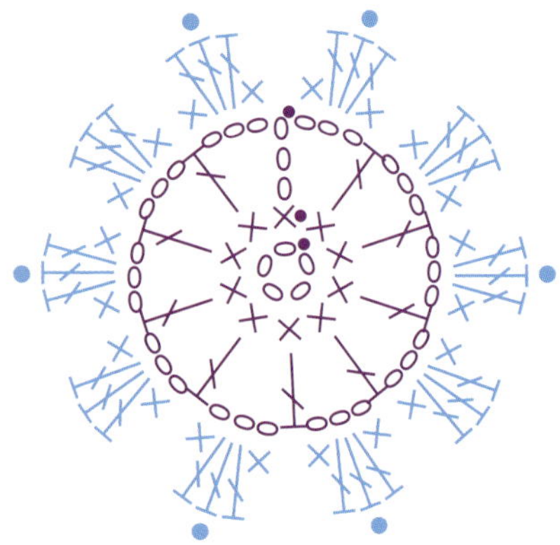

ORANGE-GRÜNE BLÜTE

Die Blütenblätter werden in 2 Lagen gearbeitet. In Grün 6 Lm anschl, mit 1 Km zur Rd schließen.

1. Rd: 12 fM in Ring, mit 1 Km schließen.

2. Rd: 4 Lm, (1 Stb, 1 Lm) 11 x, mit 1 Km schließen.

Faden abschneiden, in Orange fortf.

3. Rd: In einen 1-Lm-Bg 1 fM arb, 5 Lm (1 Stb, 1 Lm, 1 Stb überspr)

4. Rd: 1 Km als Verbindung zu einem Lm-Bg, dann in jeden der 6 Lm-Bg (1 fM, 1 hStb, 3 Stb, 1 hStb, 1 fM), mit 1 Km schließen.

5. Rd: 1 Lm, nun hinter den Blütenblättern häkeln und nach dem gleichen Prinzip wie die 3. Rd arb.

6. Rd: 1 Km als Verbindung zum Lm-Bg, dann in jeden der 6 Lm-Bg (1 fM, 1 hStb, 5 Stb, 1 hStb, 1 fM).

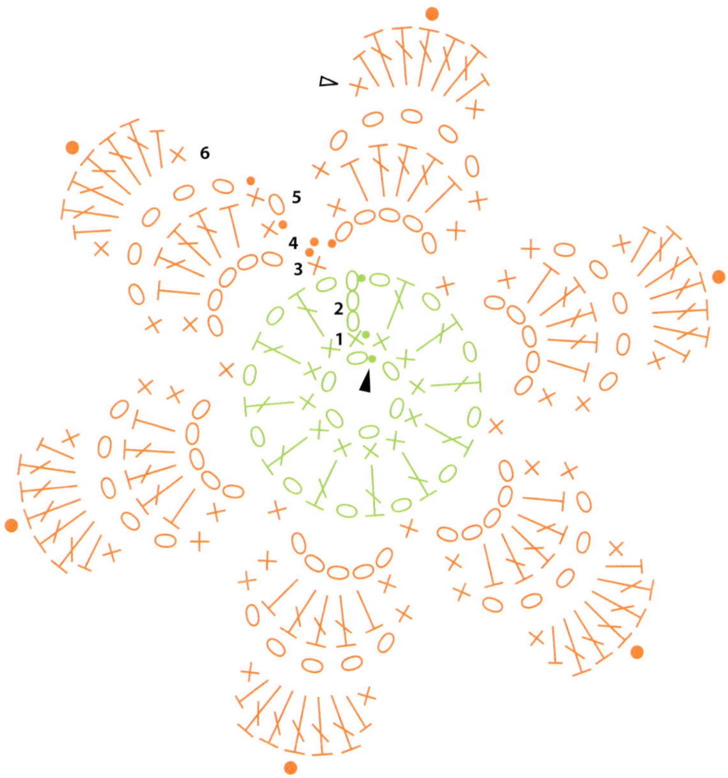

FERTIGSTELLUNG

Man arbeitet von unten nach oben. Die Zwischenstreifen werden identisch gehäkelt. Die Blütenketten an den in den Häkelschriften angegebenen Passzeichen mittels einer Lm-Kette aneinandersetzen. Die Lm-Kettenabschnitte an der Basis bzw. am Scheitel zwischen zwei Blüten derselben Kette sollten jeweils gleich groß sein, sodass Sie das Modell an Ihre Größe anpassen können. Mit 1 Km schließen.

2. Rd: Über alle M der Lm-Kette fM arb.

3. Rd: 3 Lm, dann *1 Stb, 1 Lm, 1 M überspr. ** von * bis ** wdh, mit 1 Km schließen.

4. Rd: Über alle M fM arb. Dabei die Blüten anhäkeln.

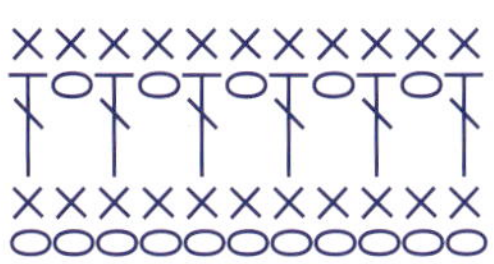

Sternenschal

Ein farbenfroher Sternenschauer, den man sich um den Hals legen kann.

SIE BENÖTIGEN

- *Wolle mit Farbverläufen*
- *Häkelnadel Nr. 2,5*

VERWENDETE MASCHENARTEN

- *Luftmasche (Lm)*
- *Kettmasche (Km)*
- *Feste Masche (fM)*
- *Stäbchen (Stb)*
- *Doppelstäbchen (DStb)*

STERN

Eine Lm-Kette aus 8 Lm anschl, mit 1 Km zur Rd schließen.

1. Rd: 1 Lm, 18 fM in den Ring, mit 1 Km schließen.

Faden abschneiden, Farbe wechseln.

2. Rd: 10 Lm, dann 5 x (3 Stb, 7 Lm), 2 Stb, mit 1 Km in die 3. Lm des Rd-Anf schließen (6 Zacken).

Faden abschneiden, Farbe wechseln.

3. Rd: In jede Zacke, 3 fM, 1 hStb, 2 Stb, 3 DStb, 1 Lm, 3 DStb, 2 Stb, 1 hStb, 3 fM.

Faden abschneiden, Farbe wechseln.

4. Rd: 1 fM in jede M, dabei die 2 fM überspr, die sich im unteren Zwischenzackenbereich befinden, und 1 Lm in jede Spitze arb (siehe Häkelschrift).

FERTIGSTELLUNG

Die 37 Sterne wie abgebildet Stück für Stück aneinanderhäkeln.

Kissen fürs fahrende Volk

Weckt das Reisefieber: Ein Hauch von Zirkuswagenatmosphäre durchzieht das Haus!

SIE BENÖTIGEN

- *Wollreste*
- *Häkelnadel Nr. 4*
- *Stoff mit Blumendruck*
- *Ein Stück Leinen*
- *Pomponborte*
- *Füllmaterial*

VERWENDETE MASCHENARTEN

- *Luftmasche (Lm)*
- *Kettmasche (Km)*
- *Feste Masche (fM)*
- *Stäbchen (Stb)*

GEHÄKELTE KISSENPLATTE

Eine Lm-Kette aus 5 Lm anschl, mit 1 Km zur Rd schließen.

1. Rd: 4 Lm, (1 Stb, 1 Lm) in den Ring, bis 6 Lm-Bg entstanden sind, mit 1 Km schließen.

2. Rd: 1 Lm, dann in jeden Lm-Bg (1 fM, 3 Stb, 1 fM), mit 1 Km schließen.

3. Rd: 1 Lm, nun hinter den Blütenblättern arb: 1 fM, dazu zwischen 2 Blütenblättern der Vorrd einstechen, 3 Lm, 1 fM, 3 Lm, bis 6 Lm-Bg entstanden sind, mit 1 Km schließen.

4. Rd: 1 Lm, dann in jeden Lm-Bg (1 fM, 5 Stb, 1 fM), mit 1 Km schließen.

5. Rd: 1 Lm, hinter den Blütenblättern arb: 1 fM, dazu zwischen 2 Blütenblättern der Vorrd einstechen, 4 Lm, 1 fM, 4 Lm, bis 6 Lm-Bg entstanden sind, mit 1 Km schließen.

6. Rd: 1 Lm, dann in jeden Lm-Bg (1 fM, 7 Stb, 1 fM), mit 1 Km schließen. Faden abschneiden, Farbe wechseln.

7. Rd: 1 Lm, hinter den Blütenblättern arb: 1 fM, dazu zwischen 2 Blütenblättern der Vorrd einstechen, 5 Lm, 1 fM, 5 Lm, bis 6 Lm-Bg entstanden sind, mit 1 Km schließen.

8. Rd: 1 Lm, dann in jeden Lm-Bg (1 fM, 8 Stb, 1 fM), mit 1 Km schließen. Faden abschneiden, Farbe wechseln.

9. Rd: 1 Lm, hinter den Blütenblättern arb: 1 fM, dazu zwischen 2 Blütenblättern der Vorrd einstechen, 6 Lm, 1 fM, 6 Lm bis 6 Lm-Bg entstanden sind, mit 1 Km schließen.

10. Rd: 3 Lm, dann 11 Stb in den Lm-Bg, 1 Stb in die fM der Vorrd, bis zum Ende der Rd wdh, es ergeben sich 72 Stb. Die Rd mit 1 Km schließen.

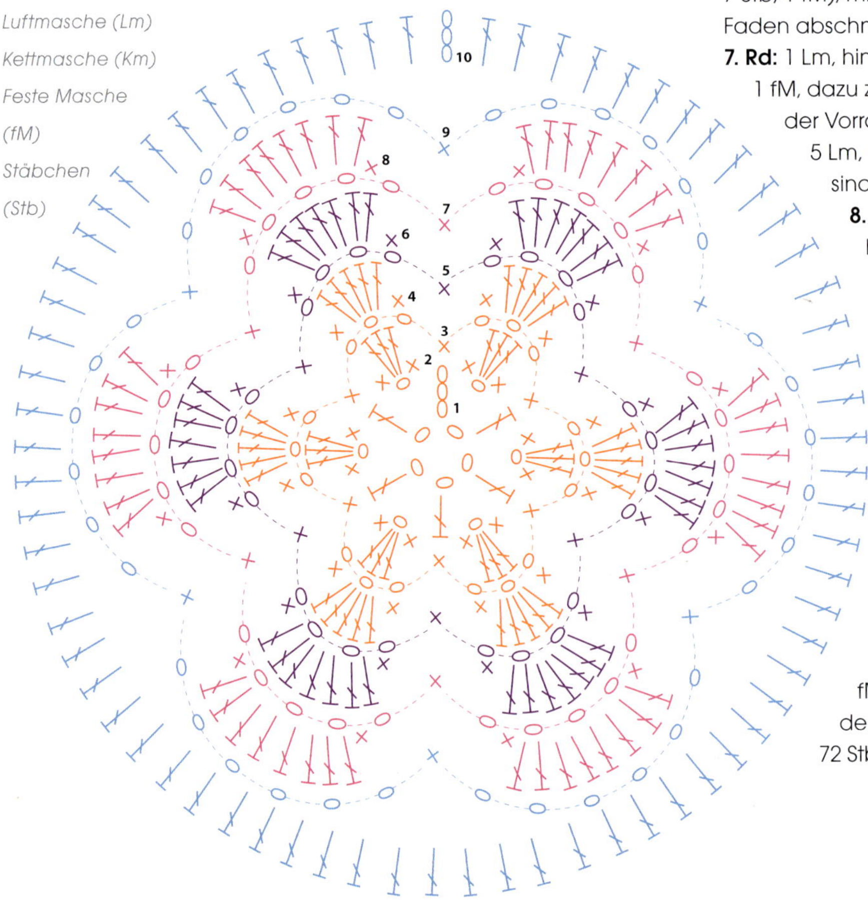

11. Rd: 5 Lm, dann *1 Stb, 2 Lm, 2 M überspr**, von * bis ** bis zum Ende der Rd wdh, mit 1 Km schließen. Faden abschneiden, Farbe wechseln.
12. Rd: In einem Lm-Bg beg und 3 Lm und 2 Stb zus abm, 1 Lm, dann bis zum Ende der Rd je 1 Noppe aus 3 Stb in jeden Lm-Bg, 1 Lm. Mit 1 Km schließen.
13. Rd: In einen Lm-Bg 6 Lm arb, dann (1 Stb in den folg Lm-Bg, 3 Lm) bis zum Ende der Rd wdh, mit 1 Km schließen. Faden abschneiden, Farbe wechseln.
14. Rd: 3 Lm in 1 Stb, (3 Stb in den folg Lm-Bg, 1 Stb in 1 Stb) bis zum Ende der Rd wdh, mit 1 Km schließen.
Faden abschneiden, Farbe wechseln.
15. Rd: 3 Lm, 3 Stb, 1 Lm, 1 M überspr, (4 Stb, 1 Lm, 1 M überspr) bis zum Ende der Rd wdh, mit 1 Km schließen.
16. Rd: (1 Noppe aus 4 Stb, 5 Lm, 1 M überspr) bis zum Ende der Rd wdh, mit 1 Km schließen.
17. Rd: In 1 Lm-Bg beg, 3 Lm, dann 6 Stb, (1 Stb in die Spitze der Noppe aus 4 Stb der Vorrd, 7 Stb in den Lm-Bg) bis zum Ende der Rd wdh, mit 1 Km schließen. Faden abschneiden, Farbe wechseln.
18. Rd: 4 Lm, 1 M überspr, (1 Stb, 1 M überspr, 1 Lm) bis zum Ende der Rd wdh, mit 1 Km schließen.
Faden abschneiden, Farbe wechseln.
19. Rd: (1 fM in einen Lm-Bg, 1 Lm, 1 M überspr) bis zum Ende der Rd wdh, mit 1 Km schließen. Faden abschneiden, Farbe wechseln.
20. Rd: In 1 Lm-Bg beg, 3 Lm, 2 Stb zus abm, (2 Lm, 1 M überspr, 1 Noppe aus 3 Stb) bis zum Ende der Rd wdh, mit 2 Lm enden, mit 1 Km schließen.
Faden abschneiden, Farbe wechseln.
21. Rd: 3 fM in jeden Lm-Bg, 1 Lm, die Noppe aus 3 Stb der Vorrd überspr, bis zum Ende der Rd wdh Mit 1 Km schließen.
Faden abschneiden, Farbe wechseln.
22. Rd: 3 Lm, dann 1 Stb in jede M, mit 1 Km schließen.

FERTIGSTELLUNG

1. Aus Leinen einen Stoffkreis in der Größe der gehäkelten Kissenplatte (Ø 27 cm) sowie einen weiteren mit 32 cm Durchmesser zuschneiden.

2. Aus dem Stoff mit Blumendruck einen 150 x 15 cm großen Streifen zuschneiden. Entlang der Ober- und Unterkante einen Faden einziehen und den Streifen kräuseln.

3. Den Streifen zwischen die beiden Stoffkreise setzen, dabei die Pomponborte zwischen dem kleineren Stoffkreis und dem Blumendruckstreifen zwischenfassen. Die Teile bis auf eine Öffnung zusammennähen, verstürzen und die gehäkelte Kissenplatte unsichtbar aufnähen, das Kissen füllen und die Öffnung mit unsichtbaren Stichen schließen.

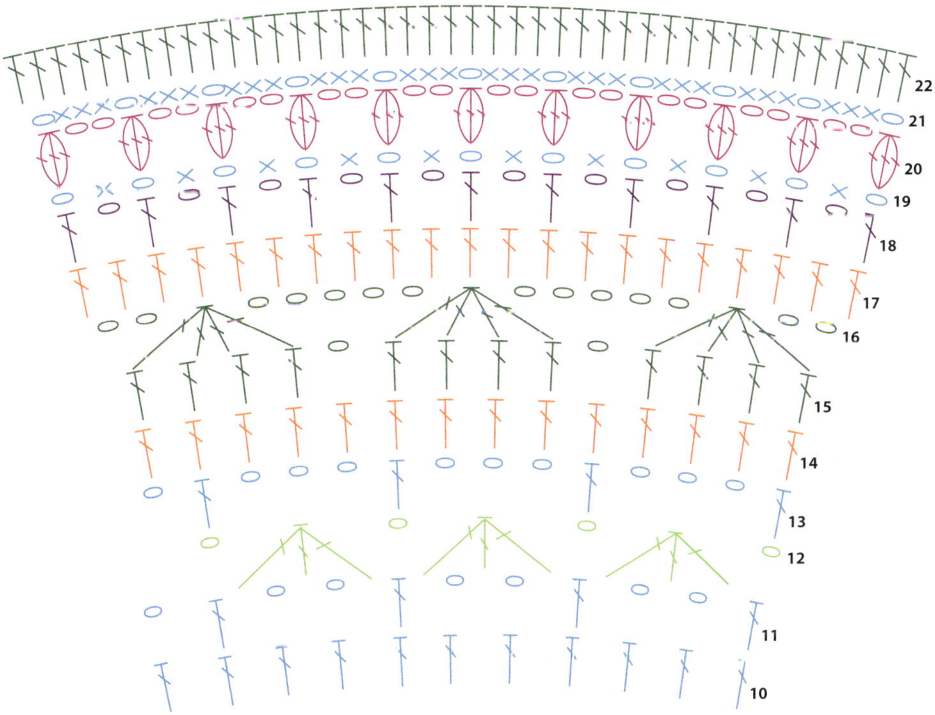

Barocke Hängeleuchte

Nur Mut zu Perlenkaskaden, Behang und gehäkelten Rankenornamenten!

SIE BENÖTIGEN

- *1 Knäuel Baumwollgarn*
- *Häkelnadel Nr. 3*
- *Ein Lampenschirmgestell oder eine zylinderförmige Hängeleuchte, Ø 15 cm*
- *24 blütenförmige Pailletten, Ø 1 cm*
- *Perlen und Behang*
- *Borte: 2 x 50 cm*
- *Kleber*

VERWENDETE MASCHENARTEN

- *Luftmasche (Lm)*
- *Kettmasche (Km)*
- *Feste Masche (fM)*
- *Stäbchen (Stb)*

BLÜTEN

Eine Lm-Kette aus 6 Lm anschl, mit 1 Km zur Rd schließen.

1. Rd: 4 Lm, (1 Stb, 1 Lm) in den Ring, bis 8 Lm-Bg entstanden sind, mit 1 Km schließen.

2. Rd: 1 Lm, dann in jeden Lm-Bg (1 fM, 3 Stb, 1 fM), mit 1 Km schließen.

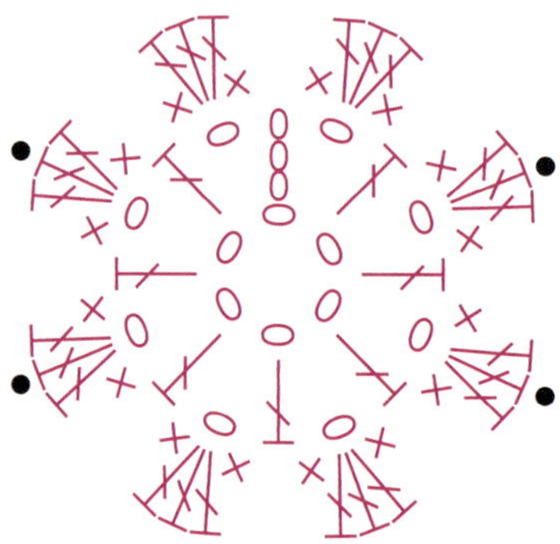

FERTIGSTELLUNG

1. Aus 2 Streifen mit je 12 Blüten eine Manschette zusammenhäkeln.

2. Die Manschette über das Lampengestell ziehen, die Pailletten in die Blütenmitten kleben, dann die Borten aufkleben.

3. Nach Herzenslust mit Perlen und Behang schmücken.

Prächtiger Halsschmuck

Perlen und Grannies zu einem Prachtstück vereint: ein schöner bunter Modeschmuck.

SIE BENÖTIGEN

- *Merzerisiertes Baumwollgarn in mehreren Farben*
- *Häkelnadel Nr. 1,5*
- *Bedruckte und unifarbene Holzperlen: Ø 20 und 15 mm*
- *Ovale Zwischenstücke, 24 x 19 mm*
- *Sternchen- und schlüsselförmige Anhänger, Perlenkappen*
- *1 5-mm-Kette: 2 m*
- *Biegeringe*
- *Nietstifte, 70 mm*
- *1 Rund-Spitzzange*

VERWENDETE MASCHENARTEN

- *Luftmasche (Lm)*
- *Kettmasche (Km)*
- *Feste Masche (fM)*
- *Stäbchen (Stb)*
- *Halbes Stäbchen (hStb)*

KLEINER KREIS

Eine Lm-Kette aus 6 Lm anschl, mit 1 Km zur Rd schließen.

1. Rd: 1 Lm, dann 13 fM in den Ring. Faden abschneiden, Farbe wechseln.

2. Rd: 3 Lm, dann 12 x (1 hStb, 1 Lm), mit 1 Km in die 2. Lm des Rd-Anf schließen. Faden abschneiden, Farbe wechseln.

3. Rd: 1 Lm, 2 fM in jeden 1-Lm-Bg der Vorrd, das ergibt 26 fM, mit 1 Km schließen.

GROSSER KREIS

Die 3 Rd des kleinen Kreises arb Faden abschneiden, Farbe wechseln.

4. Rd: 2 Lm, dann 1 hStb in jede fM der Vorrd, mit 1 Km schließen.

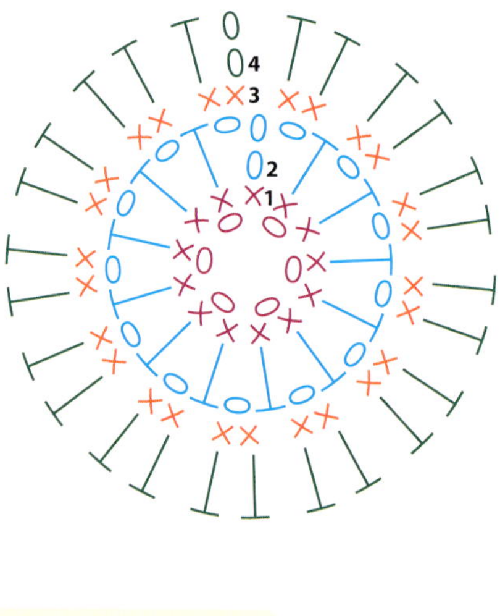

FERTIGSTELLUNG

1. Häkeln Sie so viele Kreise, wie Sie möchten (etwa 14 Stück).

2. Die Kappen auf die unifarbenen Perlen setzen, in sämtliche Perlen Stifte stecken und mit der Zange an den Enden zu Schlaufen biegen. Die Biegeringe in die gehäkelten Kreise einsetzen. Kreise, Perlen, Anhänger und ovale Zwischenstücke ganz nach Gusto zusammenstellen.

TIPP

Auf einer Schneiderpuppe lässt sich die Kette leichter zusammensetzen als auf dem Tisch.

Tischdecke im Gipsy-Look

Nomadenstimmung aus kalten Regionen – aufgehellt durch warme Farbtöne.

SIE BENÖTIGEN

- *Merinowolle in Grün, Türkis, Senf*
- *Häkelnadel Nr. 3*
- *Stoffe zum Patchen: Broché, Damassé, Pannesamt ...*
- *8 Knöpfe, Ø 28 mm*

VERWENDETE MASCHENARTEN

- *Luftmasche (Lm)*
- *Feste Masche (fM)*
- *Stäbchen (Stb)*

HÄKELSTREIFEN

Die Streifen werden identisch, jedoch in unterschiedlicher Länge gehäkelt.
Über die 12 M einer Lm-Kette:
R 1 : 2 fM, 7 Lm, 7 M überspr, 2 fM.
R 2 : 1 Wlm, 2 fM, 7 Lm, 7 M überspr, 2 fM.
R 3 : 1 Wlm, 2 fM, 3 Lm, 1 fM um die Lm-Bg der 2 vorh R arb.
Diese 3 R fortlfd wdh.
Sowie der Streifen die gewünschte Länge hat, 11 R fM arb. Entlang der Kante jedes Streifens 1 R fM arb.
Die verschiedenen Stoffstücke zuschneiden (siehe Abbildung), dann die Streifen zwischensetzen und festnähen.

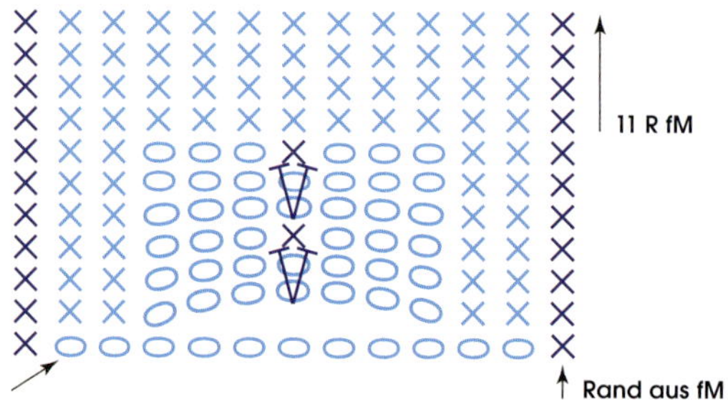

POMPONBORTE

Der Einfachheit halber wird die Pomponborte meterweise gehäkelt und auf die zusammengesetzte Decke genäht.

1. Eine Lm-Kette aus 6 Lm anschl, 6 Stb in jede Lm, *12 Lm, 6 Stb in jede der letzten 6 Lm**, von* bis ** wdh, bis die Borte die gewünschte Länge hat, enden mit 6 Stb in jede der letzten 6 Lm.

2. 2 R fM arbeiten.

3. Die Borte rings um die Arbeit nähen und Knöpfe an den Ecken befestigen.

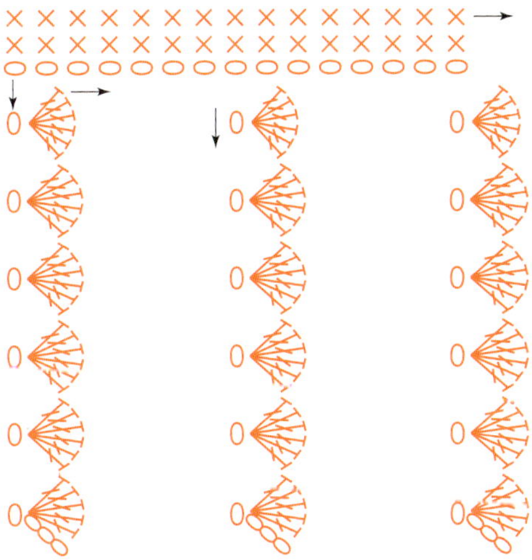

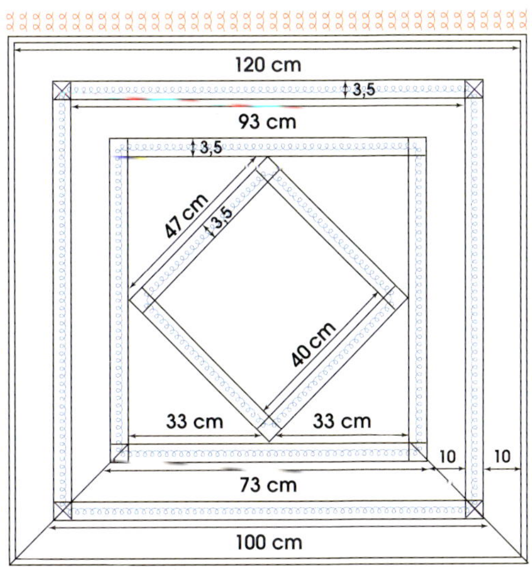

Frida-Rahmen

Farbenfrohe Bilder setzen in einem Zimmer, das einer Prinzessin würdig ist, auf Kitsch.

SIE BENÖTIGEN

- *Reste von Baumwollgarn in allen Farben*
- *Häkelnadel Nr. 3*
- *Stoff mit Blumendruck*
- *Pailletten, Paillettenborte*
- *Foamboard*
- *Cutter, Textilkleber*

VERWENDETE MASCHENARTEN

- *Luftmasche (Lm)*
- *Kettmasche (Km)*
- *Feste Masche (fM)*
- *Stäbchen (Stb)*
- *Doppelstäbchen (DStb)*

VORBEREITUNG

Aus einer Foamboard-Platte entsprechend der Form Ihres Gemäldes einen Rahmen schneiden, die Mitte entfernen.
Den Rahmen auf die linke Stoffseite kleben. Den Stoff mit 5 mm Überstand ringsum abschneiden, umfalten, festkleben.

RUNDE BLÜTE

Eine Lm-Kette aus 6 Lm anschl, mit 1 Km zur Rd schließen.

1. Rd: 4 Lm, (1 Stb, 1 Lm) in den Ring, bis 8 Lm-Bg entstanden sind, mit 1 Km schließen.

2. Rd: 1 Lm, dann in jeden Lm-Bg (1 fM, 3 Stb, 1 fM), mit 1 Km schließen.

3. Rd: 1 Lm, hinter den Blütenblättern arb: 1 fM, dazu zwischen 2 Blütenblättern der Vorrd einstechen, 3 Lm, 1 fM ; 3 Lm, bis 8 Lm-Bg entstanden sind.

4. Rd: 1 Lm, dann in jeden Lm-Bg (1 fM, 5 Stb, 1 fM), mit 1 Km schließen.

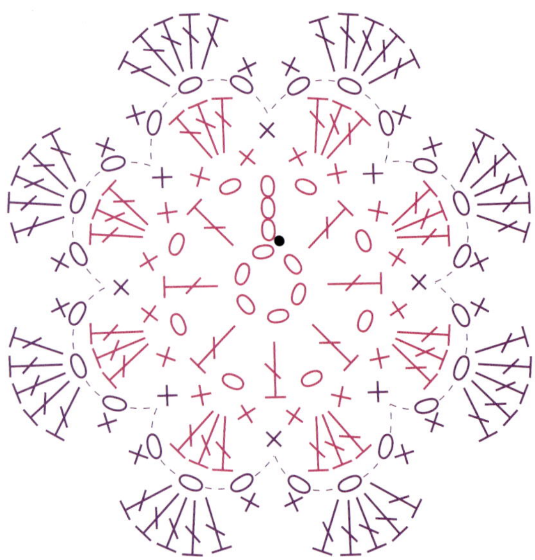

8-BLÄTTRIGE BLÜTE

Eine Lm-Kette aus 5 Lm anschl, mit 1 Km zur Rd schließen.

1. Rd: 8 fM in den Ring, mit 1 Km schließen.

2. Rd: 2 fM in jede M, Sie erhalten 16 fM, mit 1 Km schließen.

Faden abschneiden, Farbe wechseln.

Die Blütenblätter werden wie folgt gehäkelt: 8 Lm (beim ersten Blütenblatt 9 Lm), 1 hStb in die 4. M ab der Nd, 1 Stb, 1 DStb, 1 Stb, 1 hStb, 1 M überspr, 1 fM. 8 Blütenblätter anfertigen.

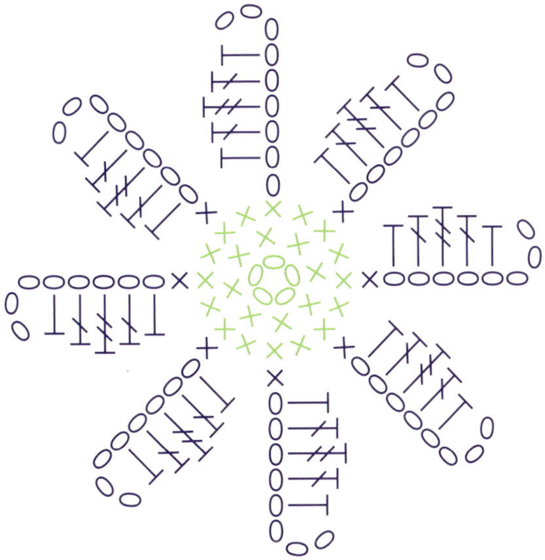

KLEINE BLÜTE

Eine Lm-Kette aus 6 Lm anschl, mit 1 Km zur Rd schließen.

In den Ring (3 Lm, 2 DStb, 3 Lm, 1 fM) 5 x, mit 1 Km schließen.

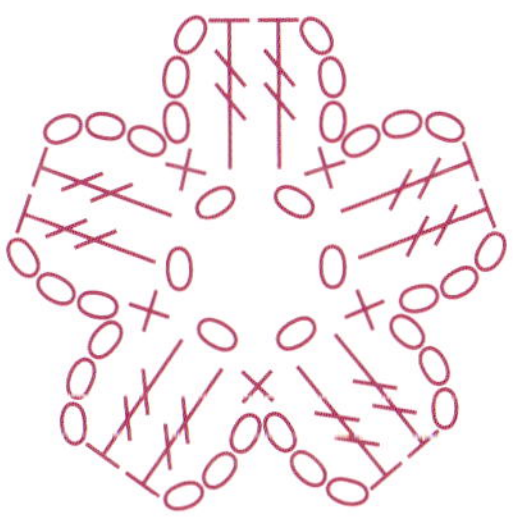

Dreieckstuch

Eine schöne Zigeunerin, Wahrsagerin…

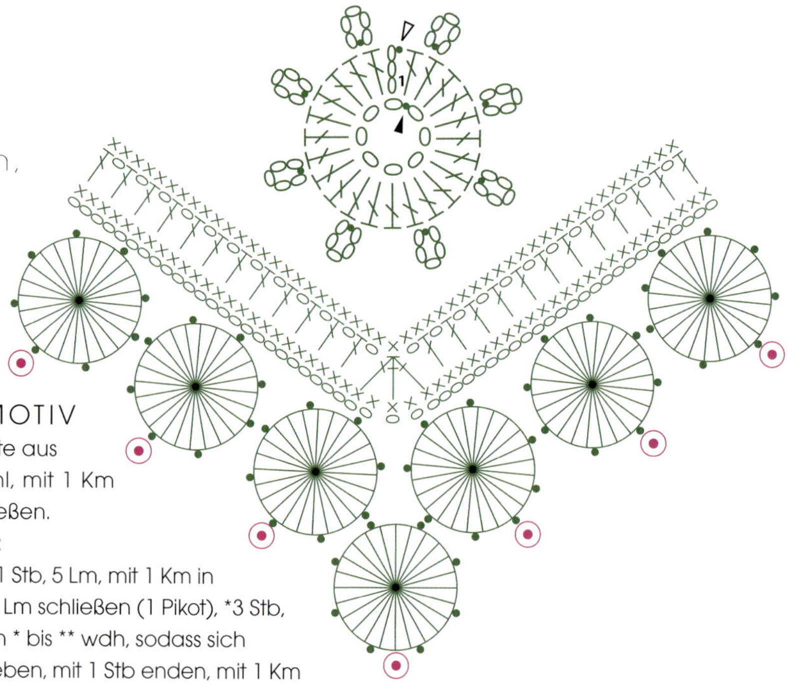

SIE BENÖTIGEN

- *Seidengarn*
- *Häkelnadel Nr. 3,5*
- *Stoff mit Blumendruck*
- *Jumbopailletten*

VERWENDETE MASCHENARTEN

- *Luftmasche (Lm)*
- *Kettmasche (Km)*
- *Stäbchen (Stb)*
- *Pikot*

HAUPTMOTIV

Eine Lm-Kette aus 8 Lm anschl, mit 1 Km zur Rd schließen.
In den Ring:
1. Rd: 3 Lm, 1 Stb, 5 Lm, mit 1 Km in die 1. dieser Lm schließen (1 Pikot), *3 Stb, 1 Pikot**, von * bis ** wdh, sodass sich 8 Pikots ergeben, mit 1 Stb enden, mit 1 Km schließen.
Die Kreismotive mit 1 Km in die Pikots aneinanderhäkeln (siehe die obige Abbildung).

RANDBORDÜRE

Eine Lm-Kette in der gewünschten Länge anschl, dabei die Kreisgirlande zusammenhäkeln, ohne die Ecke zu beachten.
1. R: Über alle M fM arb.
2. R: 4 Lm, (1 Stb, 1 Lm, 1 M überspr) über die halbe Länge. An der Ecke wie abgebildet 1 Noppe aus 3 Stb arb, mit (1 Lm, 1 M überspr, 1 Stb) fortf.
3. R: Über alle M fM arb.

FERTIGSTELLUNG

1. Den Stoff in der gewünschten Größe als Dreieck zuschneiden. Sie können ihn säumen oder 2 identische Stoffstücke zuschneiden und sie rechts auf rechts zusammennähen.
2. Die Bordüre auf das Tuch stecken, festnähen.
3. Die Pailletten annähen.

Tasche im russischen Stil

Die ganze slawische Seele steckt in diesem Beutel.

SIE BENÖTIGEN

- Merinowolle in Grün, Pink, Gelb, Rot, Braun: je 50 g
- Häkelnadeln Nr. 3,5 und Nr. 6
- 1 Halstuch im russischen Stil
- Blütenförmige Perlmuttknöpfe in Rosa: 10 Stück
- 1 Jeffytexkreis, Ø 18 cm

VERWENDETE MASCHENARTEN

- Luftmasche (Lm)
- Kettmasche (Km)
- Feste Masche (fM)
- Stäbchen (Stb)
- Doppelstäbchen

BEUTELSEITE

Der Beutel wird rundgehäkelt, sodass ein Zylinder entsteht. Der Einfachheit halber wird die Lm-Kette nicht geschlossen, das erfolgt beim Zusammensetzen.

In Grün eine Lm-Kette aus 196 Lm anschl.

1. Rd: In Braun 4 Lm, 1 Lm überspr, (3 Stb, 1 Lm überspr, 1 Lm), bis nur noch 2 Lm der Lm-Kette übrig sind, 2 Stb, mit 1 Km in die 3. Lm des Rd-Anf zur Rd schließen.

2. Rd: In Pink 1 fM in einen Lm-Bg der Vorrd, (3 Lm, 3 Stb überspr, 1 fM) bis zum Ende der Rd wdh, 1 Km in die fM am Anf. Faden abschneiden, Farbe wechseln.

Diese 2 Rd fortlfd wdh, die geraden Rd werden in Braun gearb, die ungeraden Rd alternativ in Pink, Gelb, Rot, Grün.

In einer Höhe von 25 cm (43 Rd) den Faden abschneiden.

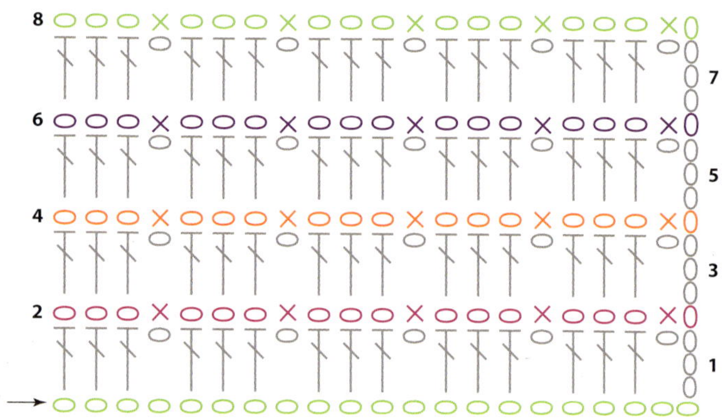

TASCHENBODEN

Einen Kreis aus fM mit 19 cm Durchmesser rundhäkeln.

HENKEL

Eine Lm-Kette aus 8 Lm anschl, aus fM einen 65 cm langen Streifen häkeln. Faden abschneiden, vernähen. Rings um den Henkel 1 Rd Km arb Kordel: Mit Nadel Nr. 6 und dreifach genommenem grünem Garn eine 90 cm lange Lm-Kette häkeln.

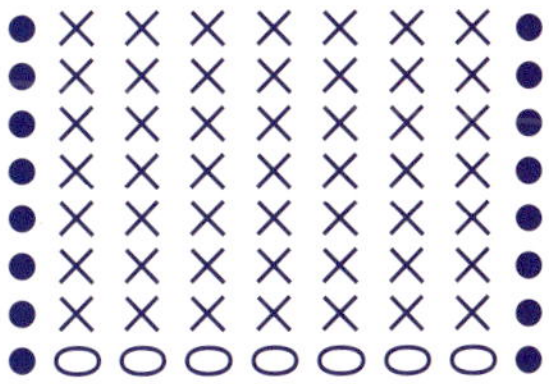

BLÜTEN

In Grün eine Lm-Kette aus 5 Lm anschl, mit 1 Km zur Rd schließen.

1. Rd: 1 Lm, dann 10 fM in den Ring, mit 1 Km schließen.

2. Rd: 4 Lm, (Noppe aus 5 DStb, 3 Lm, 1 fM, 3 Lm) 4 x wdh, 1 Km in die 1. Anf-Lm. Es ergeben sich 5 Blütenblätter.

2 Blütenblätter anfertigen.

FUTTER

Aus dem Halstuch einen Kreis mit 20,5 cm Durchmesser für den Beutelboden und ein 60 x 40 cm großes Rechteck zuschneiden. Das Rechteck quer rechts auf rechts falten, die Seitennaht schließen. Leicht gekräuselt an den Beutelboden setzen.

FERTIGSTELLUNG

1. In Grün 1 Rd fM an die Unterkante der Beutelseite häkeln. Dabei Taschenboden und -seite aneinandersetzen.

2. Den Jeffytexkreis an den Beutelboden stecken, das Futter im Beutelinneren feststecken. Mit einigen unsichtbaren Stichen den gehäkelten Boden, das Jeffytex und den Futterboden fixieren.

3. Die Futteroberkante und die Taschenoberkante rechts auf rechts unsichtbar zusammennähen. Das überstehende Futter nach außen umschlagen. Die Kordel auf Höhe der 14. Rd einziehen. Die Blüten an das Kordelende nähen, je 1 Knopf auf beide Blütenseiten nähen.

4. Den Henkel mit dem restlichen Halstuchstoff füttern und unsichtbar nähen.

5. Den Henkel 6 cm tief in das Tascheninnere schieben und festnähen. Je 3 Knöpfe auf beide Henkelenden nähen.

Postkarte mit Zackenkante

Mit einer solchen Verzierung kommen Postkarten ganz anders daher!

SIE BENÖTIGEN

- *Reste dünner Wolle*
- *Häkelnadel Nr. 1,5*
- *1 Postkarte*
- *Pailletten*
- *1 spitze Sticknadel*

1. Mit Knopflochstich rings um die Karte nähen.
2. Faden abschneiden.
3. Rings um die Karte 1 Km, 5 Stb, 1 Km, 5 Stb und in den Ecken 9 Stb. arb.
4. Ganz nach Gusto Pailletten auf die Karte kleben.

VERWENDETE MASCHENARTEN

- *Kettmasche (Km)*
- *Stäbchen (Stb)*

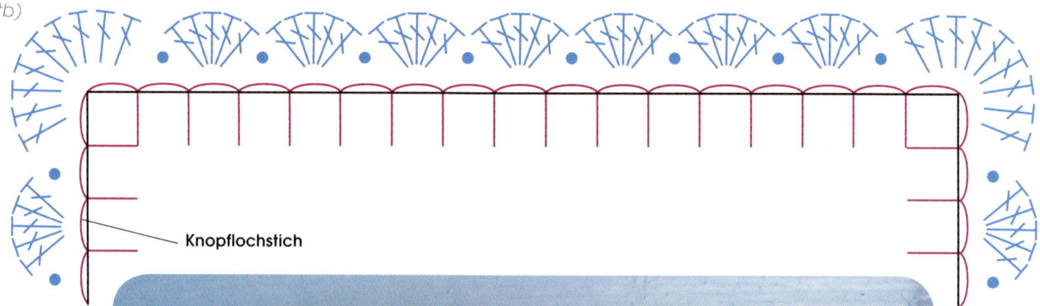

Glücksbringerarmband

Aufgeputzt mit leuchtenden Farben und Medaillen klimpert es leise am Handgelenk.

SIE BENÖTIGEN

- *Merzerisierte Baumwolle*
- *Häkelnadel Nr. 1,5*
- *6 Metallringe, Ø 2,5 cm*
- *1 Verschluss, kleine Biegeringe*
- *Perlen und Anhänger*
- *1 Rund-Spitzzange*

VERWENDETE MASCHENART

- *Feste Masche (fM)*
- *Kettmasche (Km)*

1. Um jeden Ring 40 fM in den Ring arb, mit 1 Km schließen.
2. Das Armband mithilfe der kleinen Biegeringe und dem Verschluss zusammensetzen.
3. Nach Herzenslust mit Perlen und Anhängern schmücken.

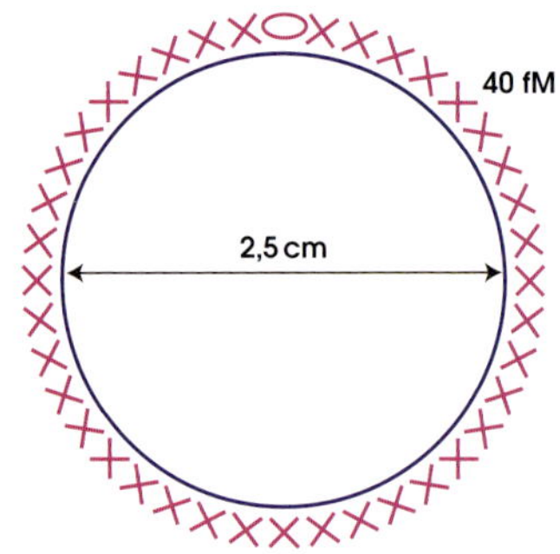

SABONETE
CHIC
Tulip

Rüschentasche

Wichtigstes Accessoire einer schönen Zigeunerin.

SIE BENÖTIGEN

- *Garn aus 100 % Wolle in mehreren Farbtönen*
- *Häkelnadel Nr. 2,5*
- *1 Geldbörsenbügel mit Clip-Verschluss, 12,5 cm*

VERWENDETE MASCHENARTEN

- *Luftmasche (Lm)*
- *Kettmasche (Km)*
- *Feste Masche (fM)*
- *Stäbchen (Stb)*
- *Halbes Stäbchen (hStb)*
- *Doppelstäbchen*

TIPP

Mit unifarbigem Glanzgarn gehäkelt, mausert sich diese Tasche zum Luxusstück für den Abend!

BLÜTE

Eine Lm-Kette aus 4 Lm anschl, mit 1 Km zur Rd schließen.

1. Rd: In Orange: 3 Lm, dann in den Ring 2 Stb, 2 Lm, 1 fM für das 1. Blütenblatt, die beiden folg Blütenblätter wie folgt: (2 Lm, 2 Stb, 2 Lm, 1 fM), für das letzte Blütenblatt 2 Lm, 2 Stb, 2 Lm, 1 Km in die 1. Lm des Rd-Anf. Faden abschneiden.

Nun alle geraden Rd hinter den Blütenblättern arb, es sind die, in denen die Lm-Bg gebildet werden. Die Blütenblätter werden in den ungeraden Rd in die Lm-Bg gehäkelt.

2. Rd: In Blau: (1 fM zwischen 2 Stb der Vorrd, 3 Lm) 4 x, die Rd mit 1 Km schließen.

3. Rd: In jeden der 4 Lm-Bg: 1 fM, 2 Lm, 3 Stb, 2 Lm, 1 fM, die Rd mit 1 Km schließen. Faden abschneiden.

4. Rd: In Rosa: *1 fM zwischen 1 fM und das 1. Stb der Vorrd, 4 Lm, 1 fM zwischen das 3. Stb und die fM desselben Blütenblattes arb, 4 Lm, 1 fM zwischen das 1. und 2. Stb des folg Blütenblattes arb, 4 Lm**, von * bis ** wdh, mit 1 Km schließen.

5. Rd: In jeden der 6 Lm-Bg: 1 fM, 2 Lm, 4 Stb, 2 Lm, 1 fM, die Rd mit 1 Km schließen, Faden abschneiden.

6. Rd: In Gelb: *1 fM zwischen das 2. und 3. Stb des Blütenblattes arb, 5 Lm**, von * bis ** wdh, mit 1 Km schließen.

7. Rd: In jeden der 6 Lm-Bg: 1 fM, 2 Lm, 5 Stb, 2 Lm, 1 fM, mit 1 Km schließen, Faden abschneiden.

8. Rd: In Grün: *1 fM zwischen das 2. und 3. Stb eines Blütenblattes arb, 5 Lm, 1 fM zwischen das 1. und 2. Stb des folg Blütenblattes arb, 5 Lm, 1 fM zwischen die fM und das 1. Stb des folg Blütenblattes, 5 Lm, 1 fM zwischen das 5. Stb und die fM desselben Blütenblattes, 5 Lm**, von * bis ** wdh, mit 1 Km schließen.

9. Rd: In jeden der 8 Lm-Bg: 1 fM, 2 Lm, 5 Stb, 2 Lm, 1 fM, mit 1 Km schließen, Faden abschneiden.

10. Rd: In Violett: 1 fM, dazu zwischen dem 2. und 3. Stb eines Blütenblattes einstechen, 6 Lm, bis zum Ende der Rd wdh, mit 1 Km schließen.

11. Rd: In jeden der 8 Lm-Bg: 1 fM, 2 Lm, 6 Stb, 2 Lm, 1 fM, mit 1 Km schließen, Faden abschneiden.

12. Rd: In Rosa: *1 fM, dazu zwischen 1 fM und dem 1. Stb eines Blütenblattes einstechen, 6 Lm, 1 fM zwischen das 6. Stb und die fM desselben Blütenblattes arb, 6 Lm, 1 fM zwischen das 3. und 4. Stb des folg Blütenblattes arb, 6 Lm, 1 fM zwischen das 3. und 4. Stb des folg Blütenblattes arb, 6 Lm, 1 fM zwischen das 3. und 4. Stb des folg Blütenblattes arb, 6 Lm**, von * bis ** wdh, mit 1 Km schließen.

13. Rd: In jeden der 10 Lm-Bg: 1 fM, 2 Lm, 6 Stb, 2 Lm, 1 fM, mit 1 Km schließen, Faden abschneiden.

14. Rd: In Blau: 1 fM, dazu zwischen dem 2. und 3. Stb eines Blütenblattes einstechen, 7 Lm, bis zum Ende der Rd wdh, mit 1 Km schließen.

15. Rd: In jeden der 10 Lm-Bg: 1 fM, 3 Lm, 7 DStb, 3 Lm, 1 fM, mit 1 Km schließen, Faden abschneiden.

16. Rd: In Orange: zwischen dem 2. und 3. DStb eines Blütenblattes einstechen und 9 Lm, *1 hStb zwischen das 1. und 2. DStb des folg Blütenblattes arb, 7 Lm, 1 hStb zwischen das 2. und 3. DStb des folg Blütenblattes, 7 Lm, 1 hStb zwischen das 2. und 3. DStb des folg Blütenblattes, 7 Lm,1 hStb zwischen die fM und das 1. DStb des folg Blütenblattes, 7 Lm, 1 hStb zwischen das 7. DStb und die fM desselben Blütenblattes, 7 Lm**, 1 hStb zwischen das 2. und 3. DStb des folg Blütenblattes, 7 Lm, von * bis ** wdh, mit 1 Km schließen.

17. Rd: In jeden der 12 Lm-Bg, 1 fM, 3 Lm, 7 DStb, 3 Lm, 1 fM, mit 1 Km schließen, Faden abschneiden.

18. Rd: In Violett: zwischen dem 2. und 3. DStb eines Blütenblattes einstechen und 10 Lm, *1 hStb zwischen das 2. und 3. DStb des folg Blütenblattes arb, 8 Lm**, von * bis ** wdh, mit 1 Km schließen.

19. Rd: 3 Lm, 7 Stb in den 1. Lm-Bg, dann 8 Stb in jeden der folg 11 Lm-Bg, die Rd mit 1 Km in die 3. Lm des Rd-Anf schließen.

TASCHENRÜCKSEITE

Eine Lm-Kette aus 6 Lm anschl, mit 1 Km zur Rd schließen.

1. Rd: 3 Lm, dann 13 Stb in den Ring, die Rd mit 1 Km in die 3. Anf-Lm schließen.

2. Rd: 3 Lm, 1 Stb in dieselbe M, dann 2 Stb in jede M bis zum Ende der Rd, mit 1 Km schließen.

3. Rd: 3 Lm, 2 Stb in die folg M, dann *1 Stb, 2 Stb in die folg M**, von * bis ** bis zum Ende der Rd wdh, mit 1 Km schließen.

4. Rd: Wie die 3. Rd.

5. Rd: 3 Lm, dann 1 Stb in jede M, mit 1 Km schließen.

6. Rd: Wie die 3. Rd.

7. Rd: 3 Lm, 1 Stb in dieselbe M, *4 Stb, 2 Stb in dieselbe M**, von * bis ** fortlfd wdh, enden mit 4 Stb, mit 1 Km schließen.

8. Rd: 3 Lm, dann 1 Stb in jede M, mit 1 Km schließen.

FERTIGSTELLUNG

1. Die Blüte und die Taschenrückseite links auf links aufeinanderlegen, Anfang und Ende der Bügelöffnung mit je 1 Stecknadel markieren, die Tasche an der Unterkante mit 1 R fM zusammenhäkeln.

2. Die beiden zusammengesetzten Teile in den Bügel schieben und mit Vorstich festnähen.

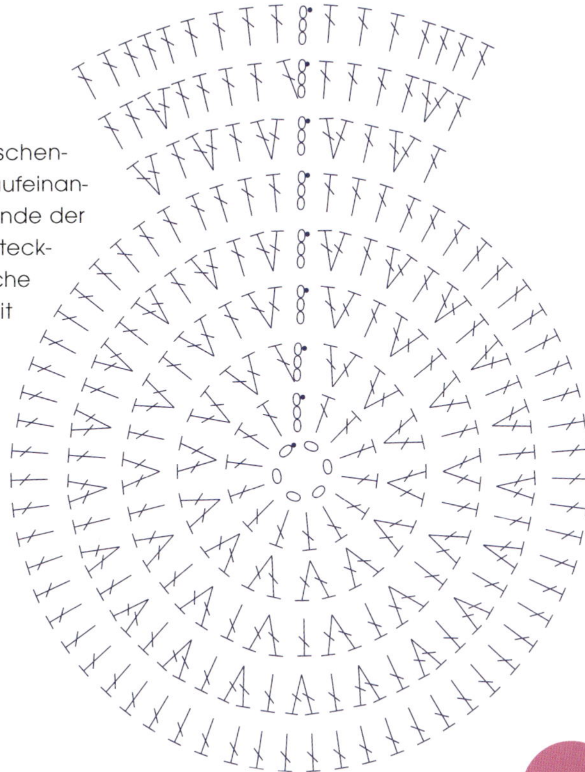

Wohnwagen-Schatzkiste

Eine mit ihren grellen Farben vortrefflich bohemehafte Schatzkiste.

SIE BENÖTIGEN

- *Baumwollgarn in verschiedenen Farben*
- *Häkelnadel Nr.3*
- *Foamboard*
- *Jeffytex: 21 x 40 cm*
- *Breites Klebeband*
- *2 kleine Holzleisten, 15 cm lang*
- *Stoff, Borten*
- *Perlen, Knöpfe, Pailletten, Schellen ...*
- *Klebstoff und Textilkleber*
- *4 Schrauben*

VERWENDETE MASCHENARTEN

- *Luftmasche (Lm)*
- *Kettmasche (Km)*
- *Feste Masche (fM)*
- *Stäbchen (Stb)*

WOHNWAGEN (Plan S. 55)

Dach: 1 Rechteck, 40 x 21 cm, in Stb, in Grün.
Seitenteile: 2 Rechtecke, 31 x 15 cm, in fM, in Pink.
Vorder- und Rückseite: 2 Quadrate, 15 x 15 cm, in fM, in Pink.
Tür: 1 Rechteck, 7 x 13 cm, in Stb, in Braun.
Fensterläden: 8 Streifen, 5 cm lang, in Stb, in Türkis.
Rad: In Braun eine Lm-Kette aus 6 Lm anschl und mit 1 Km zur Rd schließen.
1. Rd: 3 Lm, dann 17 Stb in den Ring, mit 1 Km schließen.
2. Rd: 5 Lm, dann (1 Stb, 2 Lm) bis zum Ende der Rd, mit 1 Km schließen.
3. Rd: 1 Km als Verbindung zu einem Lm-Bg, 3 Lm, 2 Stb in denselben Lm-Bg, dann 3 Stb in jeden Lm-Bg, mit 1 Km schließen.
4. Rd: 3 Lm, dann 1 Stb in jede M, mit 1 Km schließen.

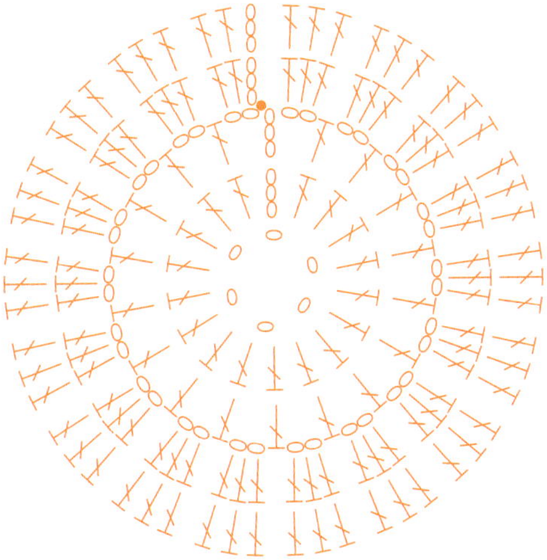

DAS GRUNDGERÜST

1. Jedes Teil aus Foamboard zuschneiden (siehe Schnittauflageplan), die 4 Seiten aufkleben, dann den Boden. Mit Klebeband verstärken.
2. Deckel: Die Seitenteile, Vorder- und Rückseite aufkleben. Das Jeffytex entsprechend der Form der Deckelteile runden, aufkleben
3. Räder: Aus Foamboard 4 Kreise mit 5 cm Durchmesser zuschneiden, darauf die Stoffkreise der gleichen Größe kleben. In die letzte Runde der gehäkelten Kreise einen Faden einziehen und um die Räder straff ziehen.
4. Den Stoff zuschneiden (siehe Schnittauflageplan), das Kasteninnere und die Deckelteile tapezieren.

FERTIGSTELLUNG

1. Die Seiten, Vorder- und Rückseite der gehäkelten Teile zusammensetzen. Tür und Klappläden unsichtbar aufnähen. Alles auf den Kasten kleben.
2. Das gehäkelte Dach auf das Jeffytex kleben.
3. Eine umlaufende Borte entlang der Dachkante aufkleben.
4. Die Räder an die Enden der Holzleisten schrauben. Die Leisten unter den Kasten kleben.
5. Den Wohnwagen mit Borten, Stoffresten, Schellen, Behang, Pailletten und allem, was Ihnen gefällt, individuell gestalten.

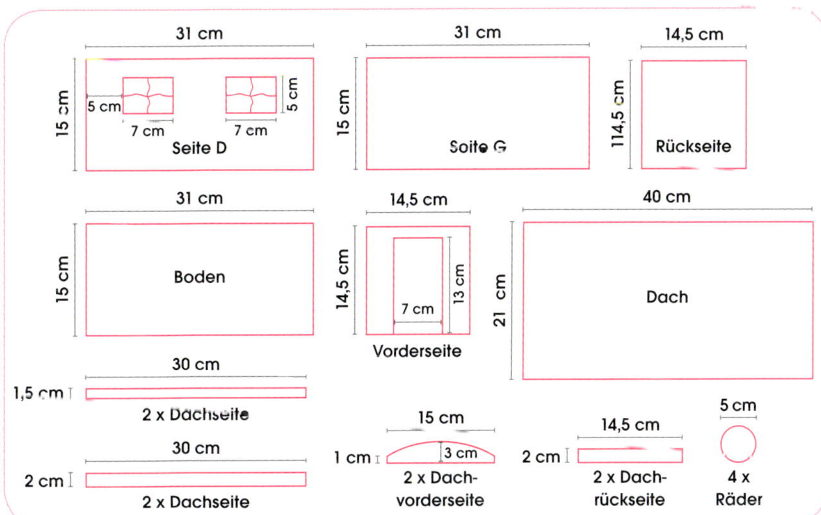

Madonnentasche

Wer solch ein farblich auffälliges Votivbild mag, steht auch zu einer kitschigen Tasche!

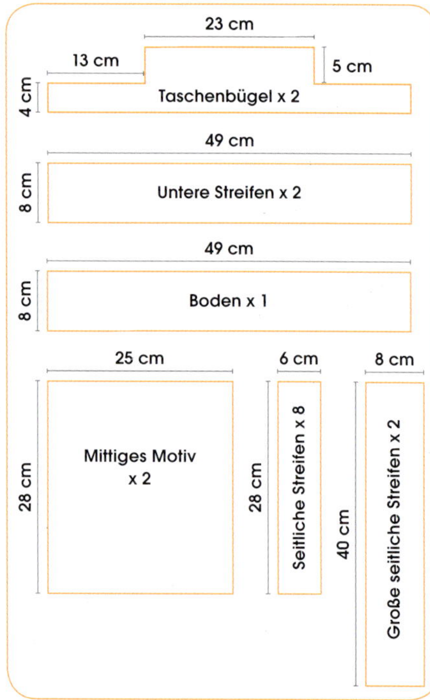

SIE BENÖTIGEN

- *Reste von Baumwollgarn*
- *Häkelnadel Nr. 3*
- *Stoff zum Patchen und Füttern*
- *Taschenbügel aus Holz*
- *Indische Borte: 3 m*
- *2 große indische Perlen, sternenförmige Pailletten*
- *1 Streifen Jeffytex: 49 x 8 cm*

VERWENDETE MASCHENARTEN

- *Luftmasche (Lm)*
- *Feste Masche (fM)*
- *Stäbchen (Stb)*

HÄKELSTREIFEN

Eine Lm-Kette aus 65 M anschl.

1. R: Über alle M fM arb.

2. R: 5 Lm, dann (1 Stb, 2 Lm, 2 M überspr) bis zum Ende der R wdh, mit 1 Stb enden.

3. R: 1 Km als Verbindung zum Lm-Bg, dann in jeden Lm-Bg (1 fM, 1 hStb, 1 fM).

In jeder Farbe 4 Streifen häkeln.

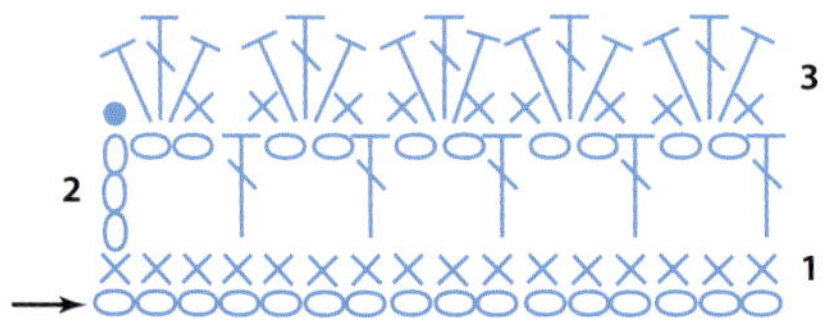

ZUSAMMENSETZEN

1. Sämtliche Schnittteile aus Stoff zuschneiden (siehe Schnittauflageplan).

2. Perlen und Pailletten auf das mittige Motiv nähen. Die 4 vertikalen Streifen rechts und links an die mittigen Motive nähen. Zunächst den unteren, dann den oberen Streifen annähen.

3. Sowie die Teile zusammengesetzt sind, legen Sie das Ganze auf das Futter und schneiden dieses in der gleichen Größe zu. Den Boden und die 2 großen seitlichen Streifen zuschneiden.

4. Zunächst die Borten, dann die gehäkelten Streifen aufkleben.

5. Die seitlichen Streifen zunächst zwischen die Taschenrück- und Vorderseite, dann an den Boden nähen.

FERTIGSTELLUNG

1. Das Futter zusammennähen, Tasche und Futter rechts auf rechts aufeinanderlegen, zusammennähen, Oberkante offen lassen.

2. Den Taschenbügel einsetzen, die Oberkante umschlagen und unsichtbar festnähen.

3. 2 Perlen auf die restliche Borte fädeln und die Borte an den Bügel binden.

Kopftuch zum Binden

Einfach um den Kopf gebunden, zeigt es Ihren unkonventionellen Stil!

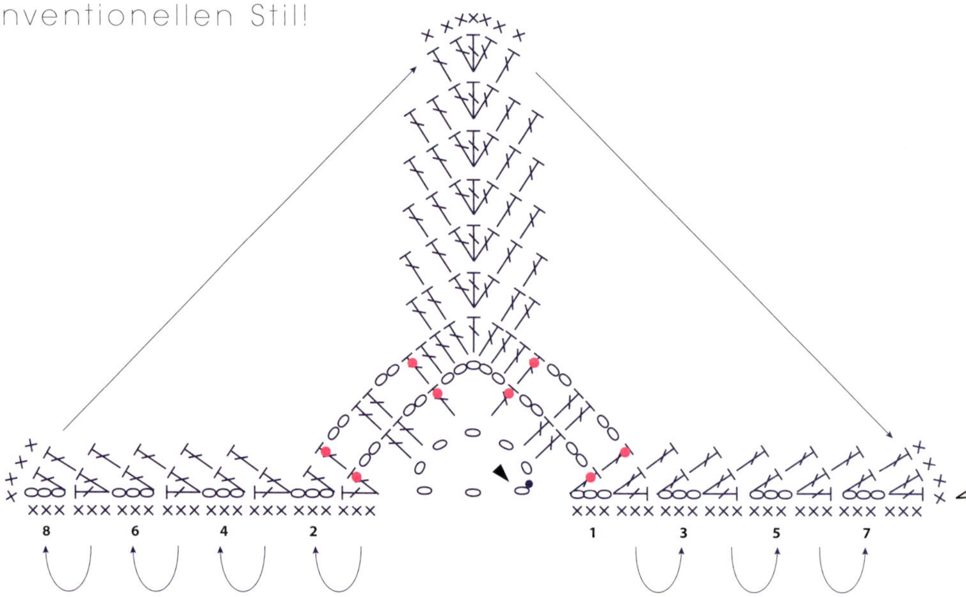

SIE BENÖTIGEN

- *Wolle*
- *Dreieckperlen: Ø 5 mm, etwa 80 Stück*
- *Häkelnadel Nr. 3,5*

VERWENDETE MASCHENARTEN

- *Luftmasche (Lm)*
- *Feste Masche (fM)*
- *Stäbchen (Stb)*

VORBEREITUNG

Alle Perlen auf das Garn fädeln: Verarbeitet werden sie nach und nach beim Häkeln.

Dreieckperlen haben den Vorteil, dass sie sich gut in die Arbeit einfügen, und es genügt, die Perle gleichzeitig mit dem Stb einzuhäkeln, allerdings muss man darauf achten, dass sie auf der rechten Seite der Arbeit liegt. Die Perlen werden wie in der Häkelschrift angegeben in die ungeraden Reihen eingehäkelt.

Eine Lm-Kette aus 8 Lm anschl, mit 1 Km schließen.

1. R: In den Ring 3 Lm, 1 Stb, 2 Lm, 2 Stb, 2 Lm, 1 Stb, 5 Lm, 1 Stb, 2 Lm, 2 Stb, 2 Lm, 2 Stb.

2. R: 3 Lm, 1 Stb in die 1. M, 1 Stb, 2 Lm, 2 Stb, 2 Lm, 1 Stb, 7 Stb in dem Lm-Bg, 1 Stb, 2 Lm, 2 Stb, 2 Lm, 1 Stb, 2 Stb in die letzte M.

3. R: 3 Lm, 1 Stb in die 1. M, 2 Stb, 2 Lm, 2 Stb, 2 Lm, 4 Stb, 3 Stb in dieselbe M, 4 Stb, 2 Lm, 2 Stb, 2 Lm, 2 Stb, 2 Stb in die letzte M.

4. R: 3 Lm, 1 Stb in die 1. M, 3 Stb, 2 Lm, 2 Stb, 2 Lm, 5 Stb, 3 Stb in dieselbe M, 5 Stb, 2 Lm, 2 Stb, 2 Lm, 3 Stb, 2 Stb in die letzte M.

5. R: 3 Lm, 1 Stb in die 1. M, 4 Stb, 2 Lm, 2 Stb, 2 Lm, 6 Stb, 3 Stb in dieselbe M, 6 Stb, 2 Lm, 2 Stb, 2 Lm, 4 Stb, 2 Stb in die letzte M.

6. R: 3 Lm, 1 Stb in die 1. M, 5 Stb, 2 Lm, 2 Stb, 2 Lm, 7 Stb, 3 Stb in dieselbe M, 7 Stb, 2 Lm, 2 Stb, 2 Lm, 5 Stb, 2 Stb in die letzte M.

7. R: 3 Lm, 1 Stb in die 1. M, 6 Stb, 2 Lm, 2 Stb, 2 Lm, 8 Stb, 3 Stb in dieselbe M, 8 Stb, 2 Lm, 2 Stb, 2 Lm, 6 Stb, 2 Stb in die letzte M.

8. R: 3 Lm, 1 Stb in die 1. M, 7 Stb, 2 Lm, 2 Stb, 2 Lm, 9 Stb, 3 Stb in dieselbe M, 9 Stb, 2 Lm, 2 Stb, 2 Lm, 7 Stb, 2 Stb in die letzte M.

9. R: 3 Lm, 1 Stb in die 1. M, 8 Stb, 2 Lm, 2 Stb, 2 Lm, 10 Stb, 3 Stb in dieselbe M, 10 Stb, 2 Lm, 2 Stb, 2 Lm, 8 Stb, 2 Stb in die letzte M.

In dieser Weise zunehmen, bis das Tuch die gewünschte Größe hat, mit einer geraden R enden. Spannen. Rings um die Arbeit 1 R fM arb.

Pompon-Handtäschchen

Mit bunten Häkelzapfen kann man jede Tasche – ob klein, ob groß – aufpeppen.

SIE BENÖTIGEN

- *1 Garnknäuel mit Farbverlauf*
- *Häkelnadel Nr. 3*
- *1 Stück Leinen*
- *Zackenlitze: 20 cm*
- *Schrägband: 40 cm*
- *1 indisches Paillettenmedaillon*

VERWENDETE MASCHENARTEN

- *Luftmasche (Lm)*
- *Stäbchen (Stb)*

ZAPFEN

1. Eine Lm-Kette aus 28 Lm anschl und 5 Stb in die 4. M ab der Nd, dann 6 Stb in jede M. 17 x. Die Zapfen rollen sich ein. Es bleiben 7 Lm.

2. 8 Zapfen häkeln.

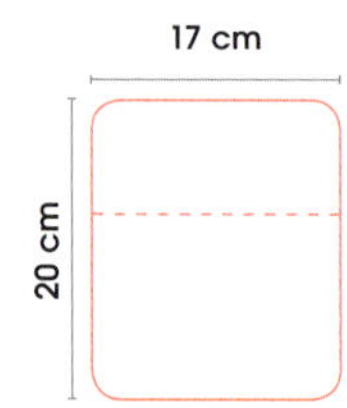

TASCHE

1. Aus dem Leinen zwei Teile zuschneiden (siehe Abbildung).

2. Die Zapfen auf die Rückseite der Zackenlitze nähen. Die Zackenlitze mit den Zapfen auf die Taschenvorderseite kleben.

3. Die beiden Taschenteile rechts auf rechts zusammennähen.

4. Die Tasche verstürzen, das Schrägband um den Überschlag setzen, das Medaillon aufkleben.

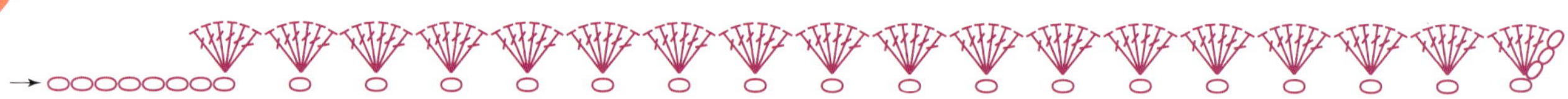

Ziergirlande

Farbenfrohe Grannies tanzen im Luftzug.

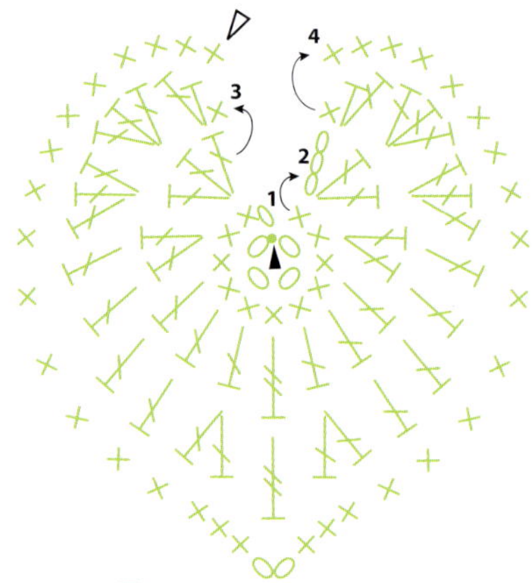

SIE BENÖTIGEN

- *Reste von Baumwollgarn in allen Farben*
- *Häkelnadel Nr. 3*
- *Stoffreste*
- *Stoffpompons*
- *Perlen, Bänder und Knöpfe*
- *Zickzackschere*

VERWENDETE MASCHENARTEN

- *Luftmasche (Lm)*
- *Kettmasche (Km)*
- *Feste Masche (fM)*
- *Stäbchen (Stb)*
- *Halbes Stäbchen (hStb)*
- *Doppelstäbchen*

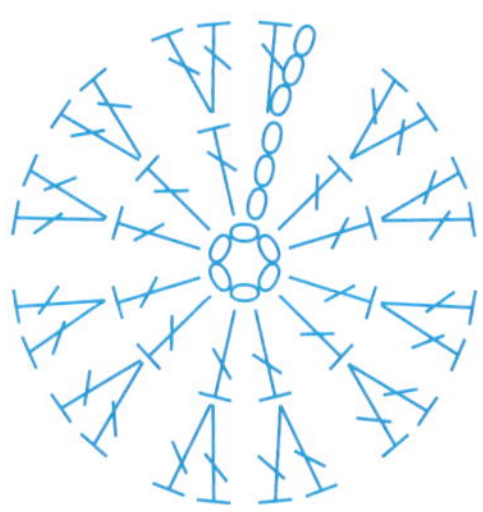

HERZ

Eine Lm-Kette aus 4 Lm anschl, mit 1 Km zur Rd schließen.

1. R: 1 Lm, dann 11 fM in den Ring, die Arb wenden.

2. R: 3 Lm, dann 2 Stb in dieselbe fM, 2 Stb in die folg M, 3 Stb, 1 DStb, 3 Stb, 2 Stb in die folg M, 3 Stb in die letzte M, die Arb wenden.

3. R: 1 Wlm, 1 fM, 1 hStb und 1 Stb in die 1. M, 3 Stb in die folg M, 3 Stb in die folg M, 4 Stb, 2 Stb in die folg M, 1 DStb, 2 Stb in die folg M, 4 Stb, 3 Stb in die folg M, 3 Stb in die folg M, 1 Stb und 1 hStb sowie 1 fM in die oberste Lm, die Arb wenden.

4. R: 1 Wlm, 14 fM, 3 fM in die folg M, 2 Lm oberhalb des DStb der Spitze arb, 3 fM in die folg M, 14 fM.

BLÜTE

Eine Lm-Kette aus 8 Lm anschl, mit 1 Km zur Rd schließen.

1. Rd: 16 fM in den Ring, mit 1 Km schließen.

2. Rd: 6 Lm, dann (1 Stb, 3 Lm) 7 x, sodass sich 8 Lm-Bg ergeben, mit 1 Km schließen.

3. Rd: 4 Lm, Noppe aus 4 Stb, 4 Lm, 1 fM in das Stb der Vorrd, (4 Lm, Noppe aus 4 Stb, 4 Lm, 1 fM) wdh, sodass sich 8 Blütenblätter ergeben, 1 Km in die Lm des Rd-Anf.

GEHÄKELTER KREIS

Eine Lm-Kette aus 6 Lm anschl, mit 1 Km zur Rd schließen.

1. Rd: 3 Lm, dann 11 Stb in den Ring, mit 1 Km schließen.

2. Rd: 3 Lm, 1 Stb in dieselbe M, dann 2 Stb in jede M, mit 1 Km schließen.

STOFFKREIS

Stoffkreise mit 7 cm Durchmesser zuschneiden. Rechts auf rechts zusammennähen, dabei eine Öffnung belassen, den Rand mit der Zickzackschere beschneiden, verstürzen.

FERTIGSTELLUNG

Unterschiedlich lange Lm-Ketten häkeln. 15 cm lange Bänder schneiden, kleine Knoten binden, so viele Teile vorbereiten, wie es Ihnen gefällt und nach Belieben zusammenstellen.

LISTE DER FÜR DIE PROJEKTE VERWENDETEN MATERIALIEN

Für das Materialfoto: L' OisiveThé, Le Comptoir, Au fil d' Emma, Ma Petite Mercerie, Mariemerveille, Une Fée dans l' Atelier.

Millefiori-Schulterwärmer, S. 16. Poll-Dorset-Wolle von Renaissance Dyeing, L' OisiveThé.
Sternenschal, S. 20. Drops-Delight-Wolle.
Kissen fürs fahrende Volk, S. 22. Wollreste, Pomponborten, Ma Petite Mercerie. Stoffe, Au Fil d'Emma.
Barocke Hängeleuchte, S. 26. Coton Fifty, Bergère de France.
Prächtiger Halsschmuck, S. 28. Perlen und Anhänger, Perles & Co. Ricamo-8-Baumwollgarn, Le Comptoir.
Tischdecke im Gipsy-Look, S. 30. Socktopus-Garn von Sokkusu, L'OisiveThé. Stoffe zum Patchen, Au Fil d'Emma. Knöpfe, Ma Petite Mercerie.
Frida-Rahmen, S. 34. Gemälde, Pödane. Baumwollgarn, Philip-Jacobs-Stoff, Au Fil d'Emma.
Dreieckstuch, S. 38. Origin'-Seidengarn, Bergère de France.
Tasche im russischen Stil, S. 40. Koigu-Wolle, L'OisiveThé. Halstuch im russischen Stil, Une Fée dans l'Atelier. Knöpfe, Ma Petite Mercerie.
Postkarte mit Zackenkante, S. 44. Illustration Monique Bonnin. Lorna's-Laces-Garn, L'OisiveThé.
Glücksbringerarmband, S. 46. Anhänger, Perles & Co. Ricamo-8-Baumwollgarn, Le Comptoir.
Rüschentasche, S. 48. Juno-Buffy-Wolle, L'OisiveThé. Bügel, Au Fil d'Emma.
Wohnwagen-Schatzkiste, S. 52. Coton Fifty, Bergère de France. Stoffe und Jeffytex, Au Fil d'Emma.
Madonnentasche, S. 56. Kaffe-Fassett-Stoffe, Au Fil d' Emma. Holzbügel, Le Comptoir.
Kopftuch zum Binden, S. 58. Juno-Buffy-Wolle, L' OisiveThé. Miyuki-Dreieckperlen, Perles & Co.
Pompon-Handtäschchen, S. 60. Noro-Garn, Le Comptoir.
Ziergirlande, S. 62. Stoffpompons, Perles & Co. Bänder und Knöpfe, Ma Petite Mercerie.